Ute und Karl-Heinz Diehl

»Ich hab nur noch neun Leben«
Eltern, Kinder und Computer

*Von deinem
Philipp zu
Weihnachten
1996*

Ute und Karl-Heinz Diehl

# »Ich hab nur noch neun Leben«
Eltern, Kinder und Computer

Patmos Verlag Düsseldorf

Thema: KINDER
herausgegeben von Marion Schweizer

Die Deutsche Bibliothek – CIP Einheitsaufnahme

**Diehl, Ute:**
»Ich hab nur noch neun Leben« :
Eltern, Kinder und Computer /
Ute und Karl-Heinz Diehl. –
1. Aufl. – Düsseldorf : Patmos-Verl., 1995
(Thema: Kinder)
ISBN 3-491-50015-X
NE: Diehl, Karl-Heinz

© 1995 Patmos Verlag, Düsseldorf
Alle Rechte vorbehalten
1. Auflage 1995
Umschlag: Hanno Rink
Gesamtherstellung: Rasch, Bramsche
ISBN 3-491-50015-X

Durch ihre Fragen, Anregungen und Geduld haben Nicolai, Joscha, Ramon und Nora eifrig mitgeschrieben.

Ihnen widmen wir dieses Buch.

# Inhalt

Segen oder Horror?
*Computer im Kinderzimmer* .................. 9

Ohne DOS nix los?
*Computer in der Familie* ................... 13

Morgens gekauft, nachmittags überaltert
*Die Ausstattung* ......................... 33

Wer gern Kirschen ißt, der lernt bald klettern
*Computer in der Schule* .................... 49

Spielend lernt sich's leichter
*Vom Rechner zum Spielzeug* ................ 83

Spreu und Weizen – aber wer trennt?
*Computerspiele unter der Lupe* ............. 99

Selbermachen ist Trumpf!
*Kreativ am Computer* ..................... 129

Ein Blick über den Tastaturrand
*Information in der Zwei-Klassen-Gesellschaft* ....... 151

Anhang .................................. 155

# Segen oder Horror?

## Computer im Kinderzimmer

Pädagogen halten sich für kompetente Ratgeber. Sie glauben – sozusagen von Berufs wegen – zu wissen, was gut und was schlecht für Kinder ist. Doch selbst sie sind geteilter Ansicht: Für die einen gehört der Computer längst ganz selbstverständlich zur kindlichen Lebenswelt, für die anderen sollten Kinderzimmer möglichst lang computerfreie »Schutz«-Zonen bleiben. Und die Eltern? Sie sind hin- und hergerissen zwischen den gegensätzlichen Argumenten, wobei die Entscheidung für die eine oder andere Seite wohl nicht selten durch ein allgemeines Informationsdefizit erschwert wird, auch und gerade bei den gern zitierten »Experten«. Dabei wollen Eltern doch nur eins: das Beste für ihre Kinder. Aber: Was ist das Beste?

»Der Computer hält das Kind an seinem Stuhl fest, grenzt seine Lebensregungen auf das Feld zwischen Bildschirm und Taste ein, legt alle Sinne lahm, er macht alles zunichte, was sich die moderne Pädagogik seit Beginn dieses Jahrhunderts ausgedacht hat«, findet der deutsche Pädagoge Hartmut von Hentig.[1] Der amerikanische Bildungsforscher Seymour Papert kontert: »Der Computer gibt den Kindern ungeheure Möglichkeiten, kreativ zu sein: Sie können mit ihm Musik machen, schreiben, zeichnen, kommunizieren oder einfach nur spielen. Er fasziniert und motiviert sie mehr, als viele Lehrer es vermögen.«[2]

Gehört also der Computer zu den unverzichtbaren technischen Errungenschaften, die Kindern unbedingt zugänglich sein sollten? Oder ist er ein unbeherrschbares Monster, das unschuldige Kinder in seinen Bann zieht und nicht mehr losläßt, bis sie zu gefühlskalten, beziehungsunfähigen Wesen geworden sind, die allen Ernstes meinen, das ganze Leben ließe sich mittels Knopfdruck, Mausklick oder Joystick bewältigen? Horrormeldungen wie diese werden immer wieder verbreitet: Geschichten von computersüchtigen Kindern, die die wirkliche und die virtuelle Welt nicht mehr auseinanderhalten können und angeblich glauben, der eigene Freund habe auch neun Leben, sie könnten ihm also mal eben eines davon nehmen.

Wir halten diese Panikmache für höchst unseriös, oder, mit den Worten ihrer Erfinder gesprochen: für eine Verwischung von Realität und Fiktion. Neben allem Unsinn, der in solchen ›Märchen‹ verzapft wird, stecken dahinter vor allem mangelndes Vertrauen in die Kinder und die Einstellung, daß nur Erwachsene letztlich wüßten, wie die Entwicklung vom »Kind« zum »richtigen Menschen« – sprich: Erziehung – vonstatten zu gehen habe.

Daß der Computer schon beinahe zur technischen Normalausstattung einer Familie gehört, ist eine Tatsache, die nicht mehr zu übersehen ist. Die gesellschaftliche Entwicklung ist der Fragestellung: »Was kommt eigentlich dabei heraus?« inzwischen weit vorangeeilt. Wenn aber die ewigen Warner und Schwarzweißmaler die Verunsicherung vieler Eltern ausnutzen, um ihren Erziehungsstil – nämlich Verbot und Einschränkung – zu propagieren, sollte man hellhörig werden. Nicht etwa aus Kritiklosigkeit gegenüber dem Computer, sondern aus Skepsis gegenüber allen Erziehungsideologien.

Während wir diese Zeilen schreiben, ist der Computer gerade Gegenstand einer internationalen Konferenz. Die G-7, der exklusive Club der sieben wohlhabendsten Nationen dieser Erde, hat ihre Wirtschafts-, Kultur- und Kommunikationswissenschaftler nach Brüssel geschickt. Dort diskutieren sie über den Weg in die Informationsgesellschaft, also über die internationale Vernetzung und Kommunikation per Computer.

Immer mehr Menschen nutzen ihren PC nämlich nicht mehr allein und abgeschirmt zu Hause oder im Büro, sondern klinken sich in internationale Kommunikationsnetze ein, nehmen an Diskussionen teil, besorgen sich Daten, tauschen Informationen aus.
Die damit verbundenen Probleme liegen auf der Hand: Die Schere in der Gesellschaft zwischen Fortschritt und Nostalgie, zwischen Modernität und Traditionalismus öffnet sich immer weiter. Während manch ein Erwachsener sich auf Distanz und Ablehnung zurückzieht, können junge Computerfreaks fast spielerisch ihren Vorsprung nutzen. Ihnen gilt wohl diese Konferenz, denn Zukunftsvisionen betreffen naturgemäß in erster Linie die nachfolgenden Generationen. In der Berichterstattung über die G-7-Tagung war viel über den »computerversierten Nachwuchs, der sich einen aufgeklärten Umgang mit den elektronischen Medien aneignen muß« zu lesen. Natürlich geht es den Herren – Damen waren kaum dabei – in Brüssel nicht um Computerspiele – jedenfalls nicht in der Hauptsache. Es geht vielmehr um die globale Nutzung dieses Mediums. Und Nutzung setzt Kenntnisse voraus, die sich Kinder spielend aneignen, so wie sie das ganz selbstverständlich mit ihren anderen grundlegenden Kompetenzen auch machen.
Der Computer ist eine Maschine. Nicht mehr. Und zwar eine, die besonders schnell rechnen *(to compute)* kann. Diese Fähigkeit gilt es zu nutzen. Wir wollen Mut machen zum Experimentieren, zum gelassenen Umgang mit dieser Rechenmaschine in der Familie. Mag sein, daß der Computer, wie Seymour Papert sagt, der Prometheus unter den Maschinen ist, aber *wir*, Kinder und Erwachsene, sitzen am Schalthebel.

# Ohne DOS nix los?

## Computer in der Familie

Was selbst Insider noch vor zehn Jahren für Hirngespinste einiger weniger Phantasten hielten, ist Wirklichkeit geworden: der Computer hat die Wohnzimmer erobert. In jedem vierten Haushalt steht unterdessen ein PC. Die Computerbranche hat den Markt der Zukunft entdeckt, denn der Bedarf an ständig neuer Hardware und Software, also Geräten und Programmen, ist in Wirtschaft und Industrie bei weitem nicht so groß wie im heimischen Umfeld – im *Homebereich*, wie es mittlerweile »neudeutsch« genannt wird.

Mindestens die Hälfte aller im Jahr 1994 in Europa verkauften Computer landete in Privathaushalten. Für Hard- und Software legten diese Kunden durchschnittlich 3800 Mark auf den Tisch. Eine stolze Summe. Doch was wird mit dem Computer in der Familie tatsächlich gemacht? Ist er nur ein weiteres Medium wie der Fernseher, das der passiven Unterhaltung dient, oder bietet er tatsächlich mehr? Die Computerbranche setzt immer mehr auf Familien als Kunden, denn keineswegs nur im Büro, auch zu Hause kann der PC alltägliche Routinen erleichtern und manche außergewöhnlichen Tätigkeiten überhaupt erst ermöglichen, zum Beispiel:

– *Texte* erfassen und gestalten, etwa für Briefe, Einladungen, Tischkarten, Plakate, persönliche Gratulationsschreiben, Geschichten oder Berichte, allesamt Verrichtungen, für die noch vor wenigen Jahren Kugelschreiber oder Reiseschreibmaschine und einige Blatt Papier ausreichten. Inzwischen haben sich die Wahrnehmungsgewohnheiten so stark verändert, daß sogar reine Gebrauchsdrucke, wie Einladungen oder Protokolle aus Vereinsleben oder Elternvertretung, schon an der Qualität eines Computerausdruckes gemessen werden. Und dazu brauchen wir außer Papier auch Computer, Drucker und ein sogenanntes Textverarbeitungsprogramm.

– *Private Verwaltung* durch Dienstprogramme wie Terminkalender, Ablage, Haushaltskasse und Steuererklärung mit den notwendigen Datenbanken. Transparenz bei den eigenen Sammlungen und Bibliotheken von Büchern, Videos, CDs, PC-Programmen oder den Beständen tauschwilliger Freunde wird durch Tabellen gesichert, die in einem Standarddatenbankprogramm ohne großen Aufwand für diesen und jenen Bedarf selbst zu gestalten sind oder aber bereits speziell konfektioniert angeboten werden, etwa für die Erfassung und anschließende Auswertung der Steuerdaten oder die private Adressenverwaltung.

– *Information* und Wissen mittels *Infotainment*. Auf unterhaltsame Art läßt sich in Infotainment-Programmen lexikalisches Wissen durchblättern. Der Mausklick blendet kleine Videosequenzen mit Originalgeräuschen oder erklärenden Kommentaren ein. Zur Ergänzung eigener Werke lassen sich beliebig viele Zitate als Schrift-, Bild- oder Soundbausteine entnehmen.

– *Nachhilfe und Weiterbildung* durch Lernprogramme. Zunehmend sichern die Bereiche Bildung und Weiterbildung der Branche die Wachstumsraten. Schulungs- und Weiterbildungsprogramme in fast allen Berufen arbeiten mit computergestützten Didaktiken. Im Homebereich haben Kinder, die ihren Computerwunsch mit notwendigen oder nützlichen Lernprogrammen begründen, bei den Eltern die besten Chancen. Dabei geht der Trend von vergleichsweise ideenlosen Abfrageprogrammen aus der ersten Generation der Lernsoftware hin zu komplexeren Programmpaketen, die stärker auf die kindliche Neugier reagieren können.

– Derart *Spielerisches Lernen* mit Hilfe von *Edutainment*-Programmen wird vorwiegend von Kindern im Vor- und Grundschulalter praktiziert. Dank multimedialer Ausrichtung und interaktiver Möglichkeiten werden einst stereotype Abfragemuster heute ersetzt oder wenigstens ergänzt durch kindgesteuerte Reisen in neue und spannende Wissensgebiete. Solche Programme, die dem Computer seine spezifischen und neuen Möglichkeiten auf die vielfältigste Weise entlocken, erfordern ein Umdenken bei den Programmherstellern, vor allem in didaktischer und ästhetischer Hinsicht, begnügten diese sich bisher doch in aller Regel mit sturem Übersetzen der traditionellen Schulbuchweisheiten in das Bildschirmformat.

– *Komponieren* und Mischen von Musik mit dem PC erfordert in der Ausstattung zwar einige zusätzliche Komponenten wie Soundkarte und entsprechende Software, ermöglicht aber das Erstellen eigener Kompositionen (etwa mit Hilfe eines MIDI-fähigen Keyboards) und das nachträgliche Mischen oder »Sampeln« von nacheinander gespeicherten Tonspuren zu einem Kunstwerk mit gemischter Instrumentierung und unterschiedlicher Führung von Melodie und Rhythmus. Eine andere Möglichkeit: für die Diashow, etwa von der Einschulung des Kindes, läßt sich der Ton wie auf einem professionellen Mischpult schneiden, mischen und aussteuern. Selbstverständlich können die Fotos oder Videos wie in einem

– *Film- oder Fotoarchiv* per Computer gespeichert, geordnet oder sogar manipuliert werden. Zur Bildverarbeitung sind allerdings gehobene Ausstattungsvoraussetzungen wie zusätzliche Erweiterungskarte und Software vonnöten, wobei meist auf Rechner mit hohem Datendurchsatz und großen Speichermedien zurückgegriffen werden muß. Damit kann man dann etwa einen Vorspann zum Video im Computer produzieren oder eine lustige Szene in Zeitlupenwiederholung noch einmal einkopieren.

– *Electronic banking oder shopping*, d. h. Zugriff aufs Girokonto oder Einkauf per Computer sind die ersten Meilensteine auf dem Weg in die neue Epoche der elektronischen Kommunikation auf dem sogenannten *Datenhighway,* auf deutsch: Datenautobahn. Einklinken kann sich jeder über den normalen Telefonanschluß mit Hilfe eines *Modems.* Einmal am Netz, öffnet eine Vielfalt von Anbietern, unter anderen *DatexJ* (früher: BTX) der *Telekom* oder die weltweiten Offerten von *Compuserve* oder die »Mutter« aller Netze, das *Internet,* sowie zahllose andere Anbieter, die Türen für jeden, der Interesse hat. Die bequeme Möglichkeit, zu jeder Tages- und Nachtzeit notwendige, aber zeitraubende Tätigkeiten wie Bankgeschäfte, Buchungen für Flüge oder Bahnfahrten und immer häufiger auch Katalogbestellungen per PC zu erledigen, hat die Nachfrage nach solchen Diensten im vergangenen Jahr explosionsartig wachsen lassen. Und: Einmal am Modem, können beliebige Dateien mit Freunden oder mit der Schule ausgetauscht werden, von einem PC zum anderen.

– Schließlich und endlich taugt der PC auch hervorragend als *Spielgerät.* Computerspiele werden zusammen mit *Betriebssystemen* oder mit der Benutzeroberfläche *Windows* ausgeliefert, sie sind in ganz normalen Textverarbeitungen versteckt oder werden extra erworben, weil sie Alt und Jung gleichermaßen erfreuen. Während Entwicklung und Vertrieb von Anwendungssoftware stagnieren, aalen sich die Kollegen der Spielebranche in sonnigen Zuwächsen. Auch überlegene »Bürohengste« wie die Softwarefirmen *Microsoft* oder *Novell* sind inzwischen auf diesen Express aufgesprungen, und so sieht sich der Anwender einem kaum überschaubaren Angebot von Spielen gegenüber: ca. 30 000 Spiele wurden bisher für den PC entwickelt, am Markt sind derzeit etwa 10 000 Titel. Immer aktuell mitspielen zu wollen, ist also selbst für hartgesottene Dauerspieler ein aussichtsloses Unterfangen, zumal alljährlich etwa zweihundert Spiele neu angeboten werden. Die anspruchsvollsten davon sind ohne weiteres mit größeren Anwenderprogrammen vergleichbar: Die aktuelle Version des Dauerbrenners *Wing Commander* etwa umfaßt 4 CD-ROMs. Allein das Abspielen der videoähnlichen Animationsszenen dauert etwa drei Stunden, das Erspielen der verschiedenen *Levels* mehrere Wochen...

Ganz beiläufig lernt man durch das Spielen, den Computer zu handhaben. Die Bedienung von Tastatur und Maus sowie das Anpassen der Konfigurationen werden vertraut und selbstverständlich. Das Arbeiten mit ›richtigen‹, also Arbeitsprogrammen wird durch die Beherrschung dieser Techniken zweifelsfrei erleichtert.

Wie der PC in der Familie letztendlich eingesetzt wird, hängt von den Interessen der Familienmitglieder ab. In den seltensten Fällen wird er für all das, was er leisten könnte, auch tatsächlich genutzt. Gewählt wird, was auf dem vorhandenen Gerät überhaupt funktioniert (das ist eine entscheidende Einschränkung) und was den Vorlieben der Familie entspricht. Schließlich nutzt ja auch kaum jemand alle Fernseh- und Rundfunkprogramme, nur weil er über sein Kabel alle empfangen kann. Schauen wir also einfach mal hinter die Kulissen.

### Wenigstens ein DOS-Kurs

Gisela und Peter haben drei Kinder. Rebecca ist zehn, Johannes zwölf und Florian acht Jahre alt. Der Computer war lange kein Thema in der Familie. Weder Mutter noch Vater haben beruflich damit zu tun, und die Kinder zeigten wenig Interesse. Irgendwann aber meinten die Eltern, »daß sie auf Dauer an einem solchen Ding nicht vorbeikommen.« Also wurde ein Computer gekauft.

»Wir wollten einfach nicht«, erzählt Gisela, »daß unsere Kinder irgendwo den Umgang mit dem Computer lernen und wir dann gar keine Ahnung davon haben. Außerdem wollte ich auch etwas davon haben, ich wollte dazulernen, etwas von der Sache verstehen.«

Viele Familien werden ihn kennen, den unverzichtbaren Fachmann, den Freund, auf den man in der Not zurückgreifen kann, wenn es am Computer nicht mehr weitergeht. Dieser Fachmann wohnt bei Gisela und Peter im Haus, und netterweise sagte er seine Hilfe bei Kauf und Installation zu.

Gisela und Peter, beide im Sozialbereich tätig, hatten sich bereits vor der Anschaffung Gedanken darüber gemacht, ob und wie der Computer das Familienleben verändern würde. Sie fürchteten, der Computer könnte zuviel Raum im Leben der Kinder einnehmen. Das wollten sie auf jeden Fall verhindern. Also wurde das Spielen am Computer in dieser Familie mit einem deutlichen Zeitlimit versehen.

»Meine Angst war einfach, daß sich die Kinder in dieser Computerwelt vergraben, daß sie möglicherweise gar nicht mehr rausgehen. Deshalb habe ich von Anfang an eine Zeit ausgemacht: jeder eine halbe Stunde pro Tag«, erklärt Gisela.

Die Kinder ließen sich darauf ein. Bald aber merkte Gisela selbst, daß diese rigide zeitliche Beschränkung nicht sinnvoll war. Sie erlebte, anders als erwartet, daß mehrere Kinder gleichzeitig am Computer spielten, daß dabei Situationen entstanden, die einem herkömmlichen Gesellschaftsspiel ähnlich waren.

Die »Eieruhr« war bald kein Thema mehr, zumal die Familie auch feststellte, daß die Kinder an manchen Tagen dem Computer überhaupt keine Beachtung schenkten, an anderen wiederum begeistert daran spielten.

Da aber immer noch niemand in der Familie mit dem Gerät etwas anderes anfangen konnte, als es ein- und auszuschalten, Spiele aufzurufen und zu spielen, mußte bei Problemen immer wieder der freundliche Nachbar zur Rate gezogen werden. Eine Situation, die sich in den meisten Fällen zu einer eher lästigen Sache für alle Beteiligten entwickelt.

»Irgendwann hat es mir dann gereicht. Es lief wieder mal nichts, und wir wollten nicht auf den vielbeschäftigten Mitbewohner warten, der vielleicht erst in zwei Wochen Zeit haben würde. Außerdem wurde es mir auch peinlich, ihn dauernd um Hilfe zu bitten.« Kurzentschlossen belegte Gisela einen DOS-Kurs. »Jetzt kann ich wenigstens selber Disketten überspielen und mit den einfachen DOS-Befehlen umgehen.« Johannes lernte, mit zehn Fingern zu tippen, weil er den Computer verstärkt für Hausaufgaben und Übungen einsetzen will, denn »meine Handschrift ist nicht gerade die beste, nicht jeder Lehrer hat Spaß daran, meine Hieroglyphen zu entziffern. Und bevor ich wieder eine schlechte Note kriege, weil mein Text nicht lesbar war, setze ich mich lieber an den Computer und tippe.« Rebecca und Florian, die beiden jüngeren Geschwister, nutzen den Computer bislang ausschließlich zum Spielen.

Nur einer in der Familie hat seine anfängliche Distanz zum Computer eher verstärkt: der Vater. Die anderen Familienmitglieder hatten ihn endlich von den Vorteilen eines Textprogramms überzeugen können. Er wagte es. Mit Erfolg, wie es zunächst schien. Abends entstand ein ausgefeiltes Referat auf dem Bildschirm. Die böse Überraschung folgte am nächsten Morgen, denn als er seinen Text ausdrucken wollte, fand er ihn nicht wieder. Es war nichts zu machen, dem Computer war nicht eine Zeile mehr zu entlocken. Zwei Stunden später mußte er sein Referat aus dem Stegreif halten, was sein Verhältnis zum Computer bis heute beeinträchtigt.

### Besser als Fernsehen

Christa und Hans haben erst kürzlich einen Computer für die Familie gekauft. Lange hat Hans diese Anschaffung verhindern können. Er meinte, die Kinder kämen noch früh genug mit der Computertechnik in Berührung. Aber die Mutter und die bei-

den Söhne Jan und Michael konnten ihn schließlich davon überzeugen, daß ein Computer auch Vorteile bringt. Seit einem halben Jahr steht der PC nun im Haus, konkret: im Hobbykeller. Einige Nächte schlugen sich die Eltern um die Ohren, um leidlich mit dem Gerät umgehen zu können.
Die Kinder waren viel schneller. Mühelos, so erschien es Christa und Hans, erschlossen sie sich den Zugang zum Computer. Mittlerweile nutzt Christa den PC für die Buchführung. Konflikte gibt es, wenn die Spiel- und Arbeitszeiten sich überschneiden, das heißt, wenn die Mutter arbeiten will und die Kinder gleichzeitig spielen wollen. »Ich brauche eigentlich einen eigenen Computer«, meint sie. Der Vater hat sein Interesse für Geschicklichkeitsspiele entdeckt. Am vielfältigsten nutzen die Kinder den Computer: zum Spielen, für die Hausaufgaben, als Vokabeltrainer, zum Malen.
Jan ist mit dreizehn Jahren in einem Alter, in dem Kinder nicht mehr mit Lego oder Playmobil spielen wollen, wo gemeinsame Spiele am Computer aber durchaus ihren Reiz haben. Die Bilanz von Christa und Hans nach einigen Monaten: »Wir können wenig Negatives sagen. Vor dem Fernseher ist die Einsamkeit und die Gefahr der Isolation viel größer. Alle gucken in die Röhre und müssen schweigen. Beim Computer reden und rufen sie alle durcheinander. Es ist ein gemeinsames Erlebnis.«

### Anfangs gab es Streit

Bei Clara und Werner kam der Computer berufsbedingt ins Haus: Beide arbeiten an wissenschaftlichen und literarischen Texten. Die Kinder Frederic, Sebastian und Sarah haben keinen eigenen Computer, aber sie nutzen die elterlichen Geräte, und ihre Spielesammlung wächst.
Probleme gab es, als der Computer immer häufiger ein Anlaß für Streit und Rivalitäten zwischen den Geschwistern – acht,

zehn und zwölf Jahre alt – wurde. Daraufhin verordneten die Eltern eine längere Spielpause. Seitdem arrangieren sich die Geschwister. Daß die Spielleidenschaft der Kinder manchmal überhand nimmt, kann Clara gut verstehen: Auch sie spielt gern am Computer, vor allen Dingen Spiele, bei denen Geschicklichkeit und logisches Denken gefordert sind. Werner übt inzwischen das Golfspielen nicht nur auf dem Platz, sondern auch am Bildschirm.

Die Grenzen der Technik bekam er allerdings ebenso schmerzhaft zu spüren wie Peter: Beim Heckenschneiden erwischte die Nachbarin unglücklicherweise außer den Ästen auch ein Stromkabel. Die Sicherung brannte durch, der Computer war lahmgelegt. Der ungespeicherte Text, die Arbeit eines ganzen Vormittags, verschwand auf Nimmerwiedersehen. Diese Erfahrung bewog die Familie jedoch eher zum sorgsameren Umgang mit Heckenscheren als zur Abkehr vom Computer. Eine weitere Konsequenz: Ein neues Textverarbeitungsprogramm speichert die Texte inzwischen automatisch ab. Weil die Kinder unterdessen den Computer auch mehr und mehr für die Hausaufgaben nutzen und mal ungestörter spielen wollen, steht die nächste Investition ins Haus: ein eigener Computer für die Kinder.

**Meine Stadt hat 100 000 Einwohner**

Lars hat sich einen eigenen Computer zusammengespart. Der Zehnjährige lebt mit seiner Mutter zusammen. Kompetenz und Zugang erhielt er über die Schule, sein Lehrer hatte der Klasse einen Computer spendiert, zum Schreiben und Rechnen, zum Erstellen einer eigenen Zeitung, aber auch zum Spielen.
Gaby hat die Computerleidenschaft ihres Sohnes von Anfang an unterstützt. Ihr Argument: »Mir ist es lieber, er sitzt vor einem Computer als vor einem Gameboy oder einer Konsole.

Gameboy und Konsole sind reine Spielgeräte, aber an einem Computer lernt man zu arbeiten. Das war für mich das Ausschlaggebende.« Daß Lars häufig am Computer spielt, stört Gaby nicht, solange sie die Spiele kennt.
Lars' Lieblingsspiel ist nach wie vor *Simcity* (vergleiche S. 121 ff.), ein Simulationsspiel, bei dem es darum geht, eine Stadt aufzubauen und weiter zu entwickeln, in der sich die Bürger wohlfühlen. Für Lars ist dies ein Spiel, das seinen ganzen Ehrgeiz weckt. Engagiert erzählt er: »Ich bekomme erst mal eine Landschaft mit Flüssen, Wald und 20 000 Dollar und dann kann ich Parks bauen, Straßen, Schienen, Stromverbindungen, Kraftwerke, Wohnhäuser, Industriegebiete und Einkaufszonen. Ich kann entscheiden, welche Kraftwerke ich baue: Kernkraft oder Kohle. Wenn ich während des Spiels kein Geld mehr habe, gibt's Probleme in meiner Stadt. Ich muß also gut aufpassen. Ich kann auch eine Bürgerumfrage machen, da erfahre ich, wie beliebt ich bin. Wenn ich nicht beliebt bin, dann kann es sein, daß es ein Erdbeben gibt oder Tornados die Stadt zerstören, oder es kommen Monster. Ich will jetzt die ganze Fläche bebauen und mehr als 100 000 Einwohner haben, das habe ich vorgestern fast geschafft. Dafür habe ich aber zwei, drei Stunden gebraucht.«
Lars und seine Mutter haben eine Absprache getroffen: Er kann weitgehend selbst entscheiden, wie lange er an seinem Computer arbeitet, wenn er dafür lernt, Schreibmaschine zu schreiben. Natürlich per Computer und einer entsprechenden Lernsoftware. An seiner Schranktür hängt eine Liste, auf der er die Lektionen einträgt, die er erfolgreich abgeschlossen hat.
Eines mochte Lars nie besonders: Aufsätze schreiben. Aber mit dem Computer fällt ihm das nicht mehr so schwer. Steht mal wieder einmal ein Aufsatz auf dem Hausaufgabenzettel, fordert Gaby ihren Sohn auf: »Geh doch einfach mal in dein Schreibprogramm. Und während ich noch in der Küche zu tun habe, schreibst du schon mal zwei, drei Sätze zu dem Thema auf,

dann machen wir gemeinsam weiter.« Sie hat die Erfahrung gemacht, daß Lars am Bildschirm viel entspannter ist, als wenn er bleistiftkauend vor seinem leeren Heft sitzt. Lars hat uns erklärt, warum: »Es geht einfach leichter. Wenn ich etwas falsch geschrieben habe, muß ich es nicht wegradieren, ich muß nur auf ein paar Tasten drücken, dann ist alles wieder weg, oder ich kann Worte austauschen, an eine andere Stelle setzen, und man sieht es hinterher nicht.«

## Vom Galgenmännchen zur Batch-Datei

Bei unseren eigenen Kindern hat das Computerzeitalter vor einigen Jahren unter dem Tannenbaum begonnen. Der gemeinsame und durch nichts zu ändernde Wunsch unserer Kinder war: ein Computer. Sie waren bereit, dafür auf andere Geschenke zu verzichten, und selbst die Weihnachtsgratifikationen von Omas und Tanten wollten sie dem Budget zum Kauf eines Computers opfern – Bares, das sonst dankbar als zusätzliches Taschengeld oder zur Erfüllung eines Wunsches, den das Christkind mal wieder überhört hatte, angenommen wurde.

Zu diesem Zeitpunkt war der Familienvater mit dem Umgang und Einsatz von Computern halbwegs vertraut, während die Mutter lediglich ihre Manuskripte in einen einfachen Laptop wie in eine Schreibmaschine hämmerte. Daran konnten die Kinder gelegentlich kleine Spielchen wie *Pacman* oder *Galgenmännchen* aufrufen.

*Galgenmännchen* ist übrigens ein Spiel, das bei uns heute noch hin und wieder (jetzt an einem »richtigen« Computer) gespielt wird, vielleicht dank unserer gelegentlich belächelten Nostalgie. Schließlich sind schon früher auf unseren eigenen Schulheften oder Notizblocks fast täglich Galgenmännchen entstanden, während wir auf dem Bahnsteig auf unseren Zug warteten, der

uns nach Hause bringen sollte. Fast jeder kennt dieses Spiel. Es geht darum, ein vom Mitspieler nur durch einzelne Striche vorgegebenes Wort durch das Erraten und Kombinieren einzelner Buchstaben möglichst schnell zu finden. Bei jedem falsch getippten Buchstaben wächst der Galgen, bis schließlich das Galgenmännchen hängt. Es sei denn, das gesuchte Wort wird rechtzeitig erraten.
So war das früher im Schulheft:

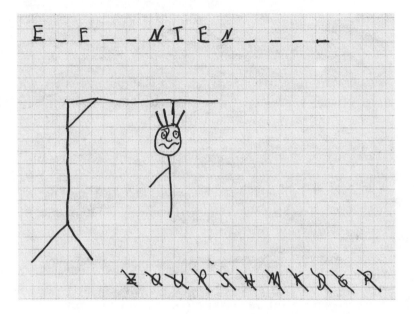

Auf dem Computerbildschirm sieht das heute so aus:

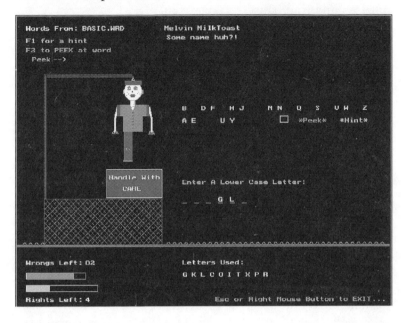

Galgenmännchen trainiert bei den Spielern zum einen das Zurechtfinden auf der Tastatur, zum anderen auch die Rechtschreibung, und es funktioniert schon auf einfachen Computern, also mit einem 286er Prozessor, dem Methusalem der inzwischen fast »ausgestorbenen« 86er Serie.

Doch zurück zu Weihnachten und dem Computer. *Galgenmännchen* und *Pacman* reichten nicht mehr aus, zumal die Kinder ja auch nur dann spielen konnten, wenn die Mutter nicht am Laptop saß, und es immer unklar war, wann ihr Arbeitsdrang dem Kinderspiel ein unvermitteltes Ende setzen würde.

Da standen wir nun mit dem Weihnachtswunsch unserer Kinder und hätten gern mit dem Weihnachtsmann darüber konferiert. An den glaubten damals aber nicht mal mehr die Kinder, und so begannen wir statt dessen, Computerprospekte zu wäl-

zen, Zeitungsanzeigen zu lesen und uns schließlich in Fachgeschäften und Kaufhäusern zu verirren.
Der Computerspaß ist teuer. Das mußten auch wir feststellen. Aber nach verschiedenen Kalkulationen und mit der Unterstützung durch Omas, Tanten und Onkel wurde der Wunsch finanzierbar. Unter dem Weihnachtsbaum (besser gesagt: versteckt hinter dem Schreibtisch – Eltern können ja so gemein sein!) stand der Computer, ein 286er (siehe Glossar: Intel).
Nachdem kleinere Geschenke wie die obligatorischen Bücher und Schlafanzüge ausgepackt waren und die Kinder im schumrigen Kerzenlicht etwas verunsichert die Augen durchs Zimmer hatten schweifen lassen, entdeckten sie endlich ihr neues Spielzeug. An diesem Abend war keine Zeit mehr für Nebensächliches wie Essen oder Schlafen. Vater und Kinder stürzten sich auf den Kasten, und die Kinder schauten – damals noch bewundernd – zu, wie der Vater das Gerät anschloß, die Programme und schließlich auch das erste Spiel, *King's Quest*, installierte. Damit brach das Spielfieber aus, die Nacht wurde sehr, sehr lang. Erst später erfuhren wir von spielerprobten Kindern und Erwachsenen, daß ein Adventure-Spiel (um ein solches handelte es sich hier) seine Zeit braucht, nämlich Tage und Wochen.
Heute haben unsere Kinder – mit Ausnahme des Ältesten, der sich mehr für die Bretter, die die Welt bedeuten, als für Tastatur und Bildschirm interessiert – alle einen eigenen Computer zusammengespart und -gewünscht. Bei den dreien gibt es immer wieder Phasen der »Hochkonjunktur«, Zeiten also, in denen dieses Medium sehr viel Zeit und Aufmerksamkeit schluckt. Eine Erfahrung, die übrigens auch andere Familien gemacht haben, zum Beispiel, wenn ein neues Spiel »angesagt« ist. Solche Moden kennt jeder aus der eigenen Kindheit. Wir zum Beispiel spielten ganze Nachmittage lang Monopoly, fast wie besessen, das Spiel wurde zum bestimmenden Gesprächsstoff in den Schulpausen, ebenso die Micky-Maus-Hefte, die

wir verbotenerweise noch unter der Schulbank »verschlangen«. Auch damals fehlte es im übrigen nicht an Warnern, die in diesem Spiel- und Lesestoff den Untergang der abendländischen Kultur witterten.

Wir zitieren in diesem Zusammenhang noch einmal Hartmut von Hentig, dem die Befürchtungen, die er hinsichtlich elektronischer Unterhaltung äußert, für das gedruckte Medium immerhin fremd sind. In seinem Aufsatz *Wir brauchen Leser. Wirklich?*[3] schildert er seine Leseerfahrung mit Groschenheften, die ihm eine Haushälterin zusteckte: »Ich las; ich verstand; ich erlebte alles mit; und – das war das Entscheidende – ich verlangte nun nicht nur nach mehr, sondern nach Raffinierterem, Erregenderem, was auf die Dauer nur das Bessere sein kann. Die Bibliothek meines Vaters enthielt alles, was man sich dazu wünschen kann.«

Dazu paßt eine Episode aus unserer Familie. Vor kurzem sagte unser zwölfjähriger Sohn: »Weißt du, ich habe in der letzten Zeit so viel über Computer gelesen, ich brauche jetzt wieder ein richtiges Buch.« Dann holte er sich aus dem Regal seines älteren Bruders eine Erzählung von Amos Oz und zog sich lesend auf sein Bett zurück.

Wenn der Weg zur hohen Literatur auch über triviale Groschenhefte führen kann, dann heißt das auf den Computer übertragen: Nicht gleich verzweifeln, wenn Kinder zunächst Spaß an stupiden Ballerspielen entwickeln. Die Begeisterung läßt erfahrungsgemäß nach einiger Zeit nach, die immer gleichen Spielmöglichkeiten – nämlich ballern, ballern, ballern ... – werden bald langweilig, spätestens dann, wenn die Kinder andere Möglichkeiten des Computers entdecken. Voraussetzung dafür ist allerdings ein weitgehend ungehinderter Zugang zum Gerät. An diesem Punkt gibt es allerdings am häufigsten Streit. Eltern, die das Gerät ja schließlich bezahlt haben, denken an den materiellen Wert und achten daher auf die sorgfältige

Handhabung des PCs. Soweit sich dieser Anspruch auf das Gerät selbst bezieht, also die Hardware, gibt es für alle Familienmitglieder die gleichen Regeln, etwa das Einhalten einer getränkefreien Zone zum Schutz der Tastatur. Geht es aber um Software und mit Mühe beherrschte Programme, dann ziehen Eltern allzu gern die rote Karte. Denn kindliche Neugier und Unbekümmertheit kann durchaus mal dazu führen, daß unversehens vielleicht ein Druckerparameter geändert wird, der erst nach langer Suche so wiederhergestellt werden kann, daß Vater und Mutter aufatmen können. Der Vorgang selbst ist für die weitere Arbeitsfähigkeit des Systems völlig belanglos und unbedeutend, denn nichts ist für immer zerstört, nur die Arbeitsweise des Gerätes wird beeinflußt. Mit zunehmender Routine erlangen die meisten Eltern Souveränität gegenüber solchen Crashs – oder aber durch rigoroses Absichern bestimmter Programme oder Dateien von Anfang an.

> Solange sich Kinder nicht mit Hammer oder Schraubenzieher über das Innere des Computers hermachen, lassen Sie sie experimentieren. Zusammenbrüche der Programme lassen sich in aller Regel wieder rückgängig machen, endgültig zerstörte Daten gibt es selten. Wie Sie Ihre Daten vor Zerstörung sichern, lesen Sie im Glossar.

Unsere Kinder machen heute ganz verschiedene Dinge mit ihrem Computer. Das Spielen steht noch immer an erster Stelle. Darüber hinaus jedoch haben sie unterdessen viele andere Möglichkeiten entdeckt: Sie komponieren am Computer, sie schreiben Texte, Einladungen, Referate, sie gestalten Plakate, sie üben Vokabeln, sie benutzen die Infotainment-Programme entweder aus spontanem Interesse oder für das eine oder andere Schulfach und sie suchen immer wieder nach dem, was hinter der Bildschirmoberfläche abläuft, nämlich den Programmen.

Die Neugier war geweckt, als sie herausgefunden hatten, daß man mit sogenannten *BATCH-Dateien* ganz einfach Programme auch aus weit verzweigten Unterverzeichnissen aufrufen kann. Diese kleinen Programmdateien werden mit jedem x-beliebigen Editor auf der Ebene des Betriebssystems oder in einer Textverarbeitung geschrieben und sind außerhalb von *Windows* wirksame Helfer.

Sie können ein solches Programm mit dem Befehl ›edit basic.bat‹ <CR>, selbst erstellen, wobei mit <CR> das Betätigen der ENTER- oder Zeilenschaltungstaste gemeint ist. Jetzt schreiben Sie im Editor, einer vereinfachten Textverarbeitung, folgende Zeilen untereinander (Doppelpunkt und die dahinter stehende Erklärung nicht übernehmen!) und springen nach jedem Befehl eine Zeile weiter:

```
@echo off <CR>     : verhindert die Anzeige
                     am Bildschirm
cd dos <CR>        : schaltet in das Unter-
                     verzeichnis DOS
qbasic <CR>        : startet das Programm
                     qbasic.exe
cd <CR>            : schaltet nach Beendigung
                     des Programms zurück ins
                     Hauptverzeichnis
cls                : löscht alle Eintragungen
                     auf dem Monitor.
```

Sie verlassen den Editor mit der Tastenfolge <ALT>D,S<CR> und befinden sich wieder auf der normalen DOS-Oberfläche. Geben Sie nun den Befehl BASIC<CR> ein, und das Programm öffnet sich automatisch.

Mit zehn bis zwölf Jahren entwickelten unsere Kinder ein immer lebhafteres Interesse daran, mit welchen Befehlen sie etwas im Rechner bewirken können. Auf dem eigenen Rechner wurde das Risiko des Crashs zunehmend mitbedacht, denn was Kindern wichtig ist, das hüten sie sehr gut, wobei das Hinzuziehen elterlicher Hilfe den eigenen Erfolg geschmälert hätte. Sie experimentierten also auf zwei Ebenen: einerseits völlig unbefangen, auf das Gewollte abzielend oder sich vom Unerwarteten überraschen lassend; andererseits mit der aus dem Fußballspiel bekannten Taktik der »kontrollierten Offensive«, also durch konsequentes Absichern des Erreichten, vor dem nächsten Schritt nach vorn.

Ihre weiteren Programmierschritte unternahmen sie dann mit der Programmiersprache BASIC, die die Firmen *Microsoft* und *IBM* ihren Betriebssystemen *DOS* beziehungsweise *OS/2* beilegen. Es gibt sicherlich bessere Programmiersprachen als *BASIC*, aber unsere Kinder haben damit bereits ansehnliche Erfolge erzielt, ohne Zusatzkosten zu verursachen.

```
DIM ge(10) AS INTEGER
CLS
INPUT "Wie alt bist du"; Du%
INPUT "Wie alt ist dein Vater"; V%
INPUT "Wie alt ist deine Mutter"; M%
INPUT "Wie viele Geschwister hast du"; ga%
IF ga% > 0 AND ga% < 11 THEN
 FOR i = 1 TO ga%
  PRINT "Wie alt ist dein "; i; ". Geschwister";
  INPUT ge(i)
 NEXT i
END IF
FOR i = 1 TO 10
 ges% = ges% + ge(i)
NEXT i
PRINT "Ihr seid also zusammen "; Du + V% + M% + ges%; " Jahre alt.";
```

*Testen Sie doch einmal dieses oder ein ähnliches selbst programmiertes kleines Programm.*

Andere Programmiermöglichkeiten stellen wir Ihnen im Kapitel ›Kreativ am Computer‹ vor.

Wir Eltern nutzen den Computer hauptsächlich beruflich, also in erster Linie zum Schreiben und zur Datenverwaltung. Wir brauchen ihn aber auch als Informationsquelle (Infotainment oder Netz), als Kommunikationsmittel (Fax und Online-Dienste) und als Spielgerät, entweder allein oder gemeinsam mit den Kindern.

# Morgens gekauft, nachmittags überaltert

Die Ausstattung

Bevor wir ausführlich über Programme und ihre Nutzung berichten, müssen wir die profane Frage der Ausstattung angehen, denn Computer ist nicht gleich Computer. Und auch das schönste Programm läuft nicht, wenn die Hardware nicht dafür geeignet ist. Leider ist der Spruch: »Morgens gekauft, nachmittags bereits überaltert«, nicht ganz falsch. Preisangaben können verbindlich nur für die Entstehungszeit dieses Buches gelten, und auch da gibt es erhebliche Differenzen zwischen dem Listen- und dem sogenannten Straßenpreis. Hier helfen keine Empfehlungen weiter, sondern nur kleinliche Preisvergleiche. Aber aufgepaßt: Vergleiche sind nur zwischen völlig identischen Bausteinen der gleichen Hersteller möglich, die zu unterschiedlichen Preisen gehandelt werden. Ansonsten sind die meisten Bausteine des Computers nur in ganz bestimmten Bereichen identisch, bei der Festplatte etwa bezüglich des Speichervolumens. Höchst unterschiedlich können sie aber in Bezug auf den Datendurchsatz, die Laufgeräusche oder die Lebenserwartung sein. Die Fragen nach solchen Details öffnen den Interessenten sehr schnell die Augen für Kompetenz und Seriosität des Verkaufspersonals.

**Sieben Schritte zum ersten PC**

*1. Kompetenz erwerben*
Wir alle kennen Väter, die mit leuchtenden Augen erklären, es sei der vierjährige Sohn, der sich nichts sehnlicher als eine elek-

trische Eisenbahn gewünscht habe. Bleibt die Frage: Warum fällt es erwachsenen Menschen so schwer, sich zu ihren eigenen Erwartungen und ihrer Freude am Spiel zu bekennen? Warum geraten spielende Erwachsene so leicht unter Rechtfertigungszwang und sehen sich genötigt, zumindest auf den »sinnvollen« Charakter des Spiels hinzuweisen? Die Funktionalisierung und Verplanung der arbeitsfreien Lebensbereiche durch »sinnvolle« Kulturaktivitäten läßt für scheinbar funktionslose Tätigkeiten immer weniger Raum. Alles selbstredend zum Segen von Gesundheit und Bildung. Selbst Sinnesfreuden wie Essen und Trinken werden zunehmend normiert und der individuellen Ausgestaltung entzogen. Ähnlichem Druck zur Normierung unterliegt die Gestaltung der Freizeit. Einfaches Nichtstun wird unversehens zum »Herumlungern« abgewertet, und im Umkehrschluß glaubt das Individuum Sinn finden zu können in den gesellschaftlich akzeptierten Freizeit- oder Kulturtechniken: Individuell gestalteter Urlaub ist ›out‹, organisierter Abenteuer-Urlaub, Trekking-Ferien oder Sprach-Reisen, schlicht: *Kulturlaub* aus dem Katalog sind ›in‹; Spielen, mit wem und wie es gerade Spaß macht, ist ›out‹, gruppendynamische Spielkreise in den Volkshochschulen oder Freizeitzentren mit standardisierten Angeboten sind die Renner.

Die Kaufentscheidung für einen Computer wird dieser gesellschaftlichen Norm entsprechend meistens »sinnvoll« begründet. Tatsache ist, daß der Einzug des Computers in das traute Heim in aller Regel über den Vater erfolgt. Väter oder väterliche Freunde sind es, die in Kaufhäusern und Computerläden mit dem Verkaufspersonal verhandeln. Männer beanspruchen auch in diesem technischen Bereich mehr Kompetenz als Frauen oder gar Kinder, und sie wird ihnen auch zugetraut. Gemäß dem Klischee des rational handelnden Wesens begründet der Mann die Kaufentscheidung selbstverständlich immer mit »sinnvollen« Verrichtungen, die zukünftig mit Hilfe des Computers erledigt werden sollen. Ende 1994 haben in einer

Erhebung in 23 000 englischen, französischen und deutschen Haushalten die Befragten an erster Stelle Heimarbeit als geplante Nutzung des PCs genannt, gefolgt von Weiterbildung und freiberuflichem Einsatz. Keiner gestand beim Kauf ein, mit dem Computer auch spielen zu wollen. Immerhin, elf Prozent der Käufer haben im nachhinein auch Spielspaß am PC konzediert.

Computer sind keineswegs reine Spielgeräte, aber sie bieten eben unter anderem *auch* die Möglichkeit zu spielen. Erforderlich geworden waren effiziente Rechner zunächst, um die Oberflächen und Flugbahnen selbstfliegender Waffen schnell zu berechnen und schließlich, nachdem die Rechner auf transportierbare Ausmaße geschrumpft waren, diese auch als mitfliegendes elektronisches Gehirn direkt zu steuern. Daß bei den Militärs dann unabhängig von der Berechnung einer einzelnen Flugbahn das Interesse an der Simulation globaler Strategien oder Kriegsspiele zunahm, wundert nicht. Sie ließen komplexe Szenarien entwickeln, um weltweite militärische, ökonomische, soziale und ethnische Parameter auf ihre politischen Vor- oder Nachteile hin am Bildschirm durchzuspielen. Ein bis zwei Nummern kleiner, im »abgespeckten« Wohnzimmerformat, tauchten diese dann als sogenannte Simulations- und Strategiespiele mit grafischen Oberflächen im Spielehandel auf.

Computerspiele werden, zumal wenn Kinder in der Familie sind, für eine beachtliche Auslastung des Homecomputers sorgen. Bisher begnügten sich die übergroße Mehrzahl der PC-Spiele (bis auf relativ wenige *Windows*-Programme) mit einem *DOS*-Betriebssystem. Die meisten sogenannten ›sinnvollen‹ Anwendungen werden heute für *Windows* geschrieben. *Windows* selbst ist speicherhungrig und pflegt eine eigene Art der Speicherverwaltung. Läuft das System also ohne Probleme mit *Windows*programmen, kann es beim Installieren des ersten größeren Spieles gleichwohl Schwierigkeiten geben. Hier trifft der Anwender zum erstenmal auf das Problem der Speicherverwaltung, das ihn begleiten wird, solange er anspruchsvolle, sprich ressourcenhungrige Programme außerhalb von *Windows* starten will. Vorteilhaft ist es deshalb allemal, wenn zumindest ein Mitglied der Familie beruflich auf irgendeine Art und Weise an Rechnern arbeitet oder aber unabhängig vom Beruf an den Möglichkeiten eines Computers besonders interessiert ist, ihn also zeitweise zu einer Freizeitbeschäftigung obersten Ranges erhebt. Auch das bedeutet zwar nicht, daß von Anfang an alle auftretenden Probleme und Problemchen im Handumdrehen gelöst werden können, aber wenigstens kann so verhindert werden, daß die unausbleiblichen Fehlbedienungen in der Anfangsphase nach einer Serie quälender Frusterlebnisse schließlich zur Stillegung des Gerätes führen. Es ist also sehr komfortabel, jemanden in der Familie zu haben, der weiß, daß die Schwierigkeiten mit dem Computer nicht nur zu Hause auftreten, sondern überall und immer wieder dort, wo er benutzt wird, und daß diese Probleme mit der Vielfalt der Anwendungen automatisch zunehmen. Hier heißt es ganz einfach: Ruhe bewahren und sich auf die Tücken und Unwägbarkeiten des Systems einzulassen. Und das gilt nicht nur für die Familie, sondern zum Beispiel auch für Banken. Obwohl sich Heerscharen von Spezialisten um die Computer kümmern, sitzen selbst die gewissenhaftesten Banker immer mal wieder ratlos hinter ihren Tischen, weil die Rechner darniederliegen.

> Der Crash gehört zum Computer wie der Bildausfall zum Fernsehen.

*2. Konsens herstellen*
Aber zuerst muß die Kaufentscheidung getroffen werden, und dabei kann man wahrlich Fehler machen, die Ärger garantieren.

Zumal es sich schon in finanzieller Hinsicht nicht gerade um einen Pappenstiel handelt. Eine Investition von fast viertausend Mark in einen Computer muß wohl überlegt sein, ganz abgesehen davon, daß das Gerät das Zusammenleben der Familie beeinflussen wird, ähnlich wie der Fernseher oder der Videorecorder. So sind etwa taktische Fraktionsbildungen unter den Familienmitgliedern einem offenen und emotionslosen Zugang zum PC nicht sehr dienlich. Ideale Möglichkeiten zur gemeinsamen Nutzung des Gerätes schafft nur der familiäre Konsens. Hunderte verschieden ausgestatteter Computermodelle mit zahlreichen tatsächlichen und vermeintlichen Stärken und Schwächen erwarten die Käufer. Verbindliche Empfehlungen, die vor allen denkbaren Desastern bewahren und allzeit Spielspaß garantieren, kann es nicht geben. Denken Sie bei der Kaufentscheidung immer daran, daß Sie zu Hause vor dem Rechner mit Ihren Kenntnissen allein sitzen werden. Der Anruf beim netten Bekannten, der jedes mögliche Problem am Computer mit Eleganz meistern kann, ist schließlich immer auch ein Eingeständnis eigener Unfähigkeit. Und selbst wenn der begnadete Alleskönner anfänglich sogar ungerufen an Ihrem neuen Spielzeug glänzen will, so können Sie sich doch gar nicht früh genug darauf einstellen, daß er Ihnen schon bald genervt zu verstehen geben wird, wie sehr Sie ihm mit Ihrer ständigen Fragerei lästig werden. Es gilt also, sich in der Familie zu einigen, was das Gerät können soll und wieviel es kosten darf.

*3. Experten meiden*
In den Seelen von Computerexperten rumort bis heute ein gehöriges Maß an historisch längst überholtem Pioniergeist: Unerschrockenheit, Wagemut, strotzendes Selbstbewußtsein, Neugier und reichlich weitere Tugenden aus der Klamottenkiste waren zweifellos die Geburtshelfer für die erste Generation von Personalcomputern, die in den oft beschriebenen Garagen oder Hinterhöfen bei Kerzenbeleuchtung zusammengelötet

wurden. Daß die Kollegen »Experten« noch heute auf dieser Welle reiten können, verdanken sie weitgehend der Masse der Uninteressierten und Zaghaften, die dem Fachsimpeln der Freaks nur bewundernd beifällig lauschen, statt es zu entschlüsseln und damit zu entzaubern.
Im Rhein-Main-Gebiet kursiert dazu diese Warnung:

> Achtung! Kombjuder-Raum! Dieser Raum is voll bis unner de Deck mit de dollste elekdrische un vollelekdronische Anlaache. Staune un gugge derf jeder, awwer rummwoschdele und Gnöbscher drigge uff de Kombjuder dörffe nur mir, DIE EXPERDE!

Soll heißen: Computerexperten, vor allem diejenigen, die sich für solche halten, pflegen konsequent ihren Wissensvorsprung mit allen denkbaren und zumeist überflüssigen Finten zu sichern. Eine kurze Zeile in eine der Konfigurationsdateien, und für die Laien fängt das Einmaleins der Computerei wieder bei Null an. Aber: Computerexperten, vor allem diejenigen, die sich für solche halten, sind auch nur sicher in den Anwendungen und Möglichkeiten, die sie für sich als die geeigneten nutzen und daher beherrschen. Aber je mehr Sie selbst Ihr System auf Ihren eigenen Bedarf hin zuschneiden möchten, desto häufiger müssen sie, die Experten, die Segel streichen und versuchen Ihnen vielleicht sogar einzureden, aktuell auftretende Probleme seien mit Ihrem inzwischen überholten System nicht lösbar. Auf den Satz, daß er, der Experte, am Ende seines Computerlateins sei, werden Sie vergeblich warten, solange er sich auch nur einen minimalen Kompetenzvorsprung Ihnen gegenüber sichern kann.

Machen Sie sich deshalb von Anfang an selbst kompetent in den Fragen, die für Sie wichtig sind, und zwar, soweit wie möglich, *vor* der Kaufentscheidung.

*4. Ansprüche klären*
Der Kauf scheint sich zunächst nur auf die Hardware zu beziehen. Tatsache ist jedoch, daß ohne Software, also ohne Programm, rein gar nichts geht. Deshalb müssen Sie zunächst in Ihrer Familie die Frage klären: »Was wollen wir mit unserem neuen Computer überhaupt anstellen?«
Schwärmen die Kinder bereits von 3D-Simulationsspielen mit solider Hintergrundmusik, etwa in der Qualität von *Rebel Assault,* dann stehen alle Sparversionen, die nicht mehr als ein angenehmes Arbeiten in einer soliden Textverarbeitung ermöglichen, nicht mehr zur Diskussion. Ohne üppigen Arbeitsspeicher, hochwertige Grafikkarte mit entsprechendem Bildschirm, zusätzlichem Massenspeicher in Form eines flotten CD-ROM-Laufwerkes und einer Soundkarte mit Boxen sind Spiele auf diesem Qualitätsniveau nicht mehr zufriedenstellend spielbar. Und ist zum Thema Multimedia vielleicht schon mal begeistert der Name von Peter Gabriels CD-ROM *Xplora 1,* gefallen, kostet's noch mehr, denn Videosequenzen in Ruckelmanier abspielen zu müssen, vergrault den Spaß von Anfang an und läßt sich nur durch entsprechende Ausstattung verhindern.

*5. Grundausstattung zusammenstellen*
Worüber also zunächst entschieden wird, das ist die Grundausstattung. Angefangen mit dem *Motherboard,* bestückt mit der *CPU,* dem Herz Ihres Rechners.
Im wesentlichen bietet der Handel derzeit drei CPU-Generationen an: 386er, 486er und den derzeit letzten *Intel*-Schrei, genannt *Pentium.* Rechner mit 386er CPU bilden im Augenblick das technologische Schlußlicht und bestechen im Wesentlichen durch ihren Preis. Diese kostengünstigen und

zuverlässigen Arbeitstiere tun in zahllosen Netzwerken als Arbeitsplatzgeräte, sogenannte *Client Server,* geduldig ihren Dienst. Ihr entscheidendes Manko, die Langsamkeit, wird erst spürbar, wenn mit *Windows* gearbeitet wird. Für ganz zaghafte Einsteiger, die letztlich solides Arbeiten im bewährten *DOS* dem verspielten Fensterhüpfen unter *Windows* vorziehen werden, gibt es keine überzeugendere Alternative: der Sprung zum 486er kostet allemal zweihundert Mark mehr, und zum gleichen Preis gibt es schon einen größeren Monitor oder auch dreihundert Megabyte mehr Speicherplatz auf der Festplatte. Alternativen also, die dann wesentlich mehr zählen, wenn Windows (vorerst) nicht gefragt ist, weil die meisten Computerspiele, die bislang fast ausnahmslos unter DOS laufen, auch mit dem 386er Prozessor vorlieb nehmen.

Zeichnet sich allerdings ab, daß in absehbarer Zeit an *Windows* kein Weg vorbeiführen wird (und was an *Windows* so interessant ist, dazu mehr im Glossar), dann ist die Entscheidung für eine leistungsfähigere CPU die richtige. 486er Prozessoren gibt es in den Ausführungen DX2 und DX4, die mit Geschwindigkeiten zwischen 66 und 100 Megahertz (MHz) getaktet sind. Dank des Wettbewerbs zwischen der Firma *Intel* und anderen Anbietern wie *Cyrus* oder *AMD* entscheidet hier letztlich das Etikett und nicht die Leistung über den Preis. 486er CPU-Rechner mit sonst gleicher Ausstattung differieren um etwa zweihundert Mark bei gleich rasanten CPUs von verschiedenen Herstellern. . Am Massenmarkt werden 486er mit *VLB* (Vesa-Local-Bus) oder *PCI* (siehe Glossar), zwei unterschiedlichen Bus-Systemen, und auch mit gemischten Bus-Varianten, angeboten. Der Bus reguliert den Datenfluß zwischen dem Motherboard, also der Hauptplatine mit ihren Steckplätzen, und der CPU, dem zentralen Chip auf dem Board. Deutlich die Nase vorn hat inzwischen der PCI-Bus, fernab von allen Kompatibilitätsproblemen des VLB, voll belastbar also mit allem, was Sie Ihrem Rechner an Soft- und Hardware zumuten können, und zudem noch zügiger als der Local-Bus. Mit einem 486er in hoher Taktrate und PCI-Bus wird Ihre Familie vorläufig auf keine Leistungsgrenzen in störendem Umfang stoßen. Mit einem solchen Rechnerherzen können Sie, abgesehen von grafischen Spezialanwendungen, alle gängigen Anwendungen für Spiel und Arbeit komfortabel nutzen.

Die CPU arbeitet zusammen mit *RAM*, dem Arbeitsspeicher. Dieser wird auf das Motherboard aufgesteckt und verfügt derzeit in der Regel über 4 MB. Aktuelle *DOS*-Versionen, *Windows* und das IBM-Betriebssystem *OS/2* verfügen über verschiedene Zugriffsmöglichkeiten und machen damit die Kapazitäten des Arbeitsspeichers jenseits der für *DOS* lange Zeit problematischen 640-Kilobyte-Grenze zugänglich. Gleichgültig, ob *Windows* installiert werden soll oder nicht: Arbeitsspeicher unter 4 MB RAM gehen bei neuen Programmversionen zu Lasten der Freude am PC bei Spiel und Arbeit; acht Megabyte schleusen auch die gefräßigsten unter den speichergierigen Softwares durch das System, während eine Ausstattung mit mehr als sechzehn Megabyte für die *Windows*versionen, zumindest vor *Windows 95*, keinen Sinn macht.

Der Arbeitsspeicher (RAM) dient als solcher nur, solange der Rechner eingeschaltet bleibt. Mit dem Abschalten ist endgültig Feierabend für alle Daten, die nicht auf einer Diskette oder Festplatte gespeichert wurden. Ein Home-PC verfügt über beide Möglichkeiten: mindestens 1 Floppy-Laufwerk für die etwas robusteren $3^1/_2''$-Disketten und eine sogenannte *Harddisk*, eine Festplatte. In aller Regel erfolgen die Installation neuer Programme und der Datenaustausch mit anderen Systemen, etwa von Freunden, über die Floppy-Disk. Die unterschiedlichen Angebote diverser Hersteller bewegen sich technisch und preislich in etwa auf gleichem Niveau, mit der Tendenz, die Speicherkapazität der schwarzen Scheiben zu erhöhen und ihnen »Beine zu machen«, d. h. den Durchsatz zu erhöhen. Das gute alte $5^1/_4''$-Floppy-Laufwerk scheint aufs

Abschiebegleis gerollt zu sein, und auch von der liebgewordenen manuellen Verriegelung der entsprechenden Laufwerke werden wir uns wohl verabschieden müssen.
Festplatten werden für die verschiedenen Kontroller-Systeme angeboten. An den AT- und den IDE-Bus paßt der gleiche Plattentyp, mit dem SCSI-Bus dagegen harmonieren nur SCSI-Platten. Für beide Festplatten-Typen gilt, daß mit der Plattengröße auch ihre »Performance« steigt, das heißt: je größer desto schneller. Da Festplatten unter 400 MB Speicherkapazität vom Markt verschwinden und alle aktuellen Betriebssysteme mindestens 2 Gigabyte große Festplatten verwalten können, setzt auch an diesem Punkt allein der Geldbeutel die Grenze.
Last but not least steckt in jedem PC eine Grafikkarte, die den Bildschirm mit den passenden Daten füttert. Grafikkarte und Bildschirm steuern die vom Anwender registrierten optischen Signale eines PC, also das Bild auf dem Monitor. Die Anforderungen an diese Schnittstelle zwischen Rechner und Mensch sind extrem hoch: das Bild im Monitor soll schnell aufgebaut und »ruckelfrei« gewechselt werden; es soll so fein *gepixelt* sein, daß die einzelnen Punkte nicht mehr als solche erkennbar sind, und schließlich soll es auch eine farbgetreue und brillante Abbildung zeigen.
Als die Anwender klar den Schritt von DOS zu grafischen Oberflächen, etwa zu *Microsoft Windows* oder *IBM OS/2*, forcierten, wurden zunächst Video-Karten im sogenannten VGA-Modus der Standard. Inzwischen verlangen vor allem Multimedia-Anwendungen nach der Möglichkeit, mindestens 256 Farben auf dem Bildschirm darstellen zu können. Das leisten sogenannte SVGA Grafikkarten. Es gibt sie mit unterschiedlichen Speichervolumen und Bussystemen. Grafikkarten sollten mit der Rechnergeschwindigkeit harmonieren. Ein schneller Rechner mit Pentium-Prozessor und PCI-Bus macht eben nur Sinn, wenn die Grafikkarte auch über PCI-Bus verfügt. Für DOS-Anwendungen wie Buchhaltungsprogramme oder die gute alte

Textverarbeitung *Word* von Microsoft bis zum Stand 5.0 sind solche Spitzenleistungen allerdings völlig überflüssig, denn die arbeiten auf Rechnern mit 386er oder 486er Prozessor in der Regel fixer als die entsprechenden *Windows*-Programme, allerdings nicht mit den *Windows*-eigenen Vorteilen.

Mit diesen Empfehlungen zur technischen Ausstattung des PCs ging unser Manuskript vor den Sommerferien '95 zum Verlag. Gegen Ende des Frühjahrs hatte Intel zwar angekündigt, daß nach der Marktreife des Pentium-Chip-Nachfolgers »P6« die Produktion der x86er Chipreihe endgültig eingestellt werde, aber wir waren der Meinung, daß die Mitbewerber AMD und Cyrix den Markt noch weiter beliefern, also mindestens noch ein Jahr lang nach Erscheinen dieses Buches preisgünstige Rechner mit 486er CPUs angeboten würden. Inzwischen hatte Intel die Preise der Pentium-Prozessoren mehrfach gesenkt, und die beiden führenden Anbieter für den Homebereich, *Vobis* und *Escom,* boten schon im August-Sortiment 486er Rechner nur noch als sogenannte Laptops für den wechselstromunabhängigen Anwender auf Reisen an, weil der Pentium den Akku zu schnell leersaugt. Allen Tisch- oder Towerrechnern stecken Vobis und Escom aber bereits Pentium-Prozessoren auf und bleiben damit, je nach Ausstattung, im 2 000-DM-Bereich: die Entwicklung hatte uns mal wieder überrollt!

In Computerläden mit anderen Bezugsmöglichkeiten und vor allem auf dem Second-Hand-Markt werden 486er gleichwohl noch bis gegen Ende der neunziger Jahre anzutreffen sein. Faustregel: Ein mit 60 MHz getakteter Pentium bringt gegenüber einem mit 100 oder mehr MHz getakteten 486er keine nennenswerten oder gar keine Durchsatzvorteile. Entscheiden Sie also hier bei gleicher sonstiger Ausstattung nur anhand des Preises.

*6. Zutaten einkalkulieren*

Der Heim-PC, wenn er den komfortablen Zugriff auf ressourcenhungrige Spiele ermöglichen soll, verfügt heute über ein

Compact-Disk-Read-Only-Memory-Laufwerk, kurz CD-ROM-Laufwerk. Auf den handelsüblichen CD-ROMs lassen sich riesige Datenmengen bis zu 640 MB speichern, was in etwa dem Volumen von zweihunderttausend Buchseiten entspricht. Die Daten werden nicht mehr wie bei herkömmlichen Disketten mittels magnetischer Induktion, sondern mit einem scharf gebündelten Laserstrahl auf die Scheibe übertragen. Dadurch kann die hohe Datendichte erzielt werden.
Diese Datenträger eignen sich gut für den häuslichen Einsatz, denn sie sind nicht mehr ganz so anfällig gegenüber äußeren Einflüssen und sie ersparen das lästige Wechseln der Disketten bei umfangreichen Neu-Installationen. Mit zunehmender Abtastgeschwindigkeit der Laufwerke wird es allerdings immer seltener notwendig, die Software überhaupt noch komplett auf der Festplatte zu installieren. Hier machen sich nur noch relativ kleine, aber notwendige Konfigurations- und Datendateien breit, zum Beispiel zum Abspeichern des Spielstandes. Auf diese bescheidenen Festplattenzugriffe kann allerdings auf keinen Fall verzichtet werden, denn das Abspeichern von Computerdaten auf der CD-ROM ist mit einem Standard-CD-ROM-Laufwerk nicht möglich.
Die Softwareindustrie, insbesondere die Spieleentwickler, haben sich damit ein Medium geschaffen, das kostengünstig herstellbar, robust in der Anwendung und nicht zuletzt auch noch sicherer vor Raubkopierern ist. Die Software muß nicht mehr im diskettengerechten Häppchenformat geschrieben werden, und weil die CD-ROM schier unerschöpfliche Datenmengen speichert, können die Programme immer umfangreicher ausfallen. Programmiertechnische Kriterien sind lediglich noch der Spielfluß und die physikalische Grenze von derzeit 640 MB. Mit der Umstellung auf CD-ROM als den Standard-Datenträger für speicherintensive Simulations-, Action- und Adventurespiele ist auch das Ende für die hemmungslose Datenpiraterie gekommen. Bleibt zu hoffen, daß neben den

Herstellern auch die geistigen Urheber von Software die Nutznießer dieses indirekten Kopierschutzes werden.

Liegt dann, vielleicht zum Geburtstag, endlich das erste echte Multimedia-Programm auf dem Gabentisch, läuft ohne CD-ROM-Laufwerk ohnehin nichts mehr. Und auch hier zeigt sich wieder, daß Knauserigkeit bei der PC-Grundausstattung sehr bald den Spielgenuß sichtbar einschränken kann, was gelegentlich in Spielfrust umschlägt. Bewegte Echtzeit-Animationen oder gar Videos, mit ansprechender Musik und Sprache unterlegt, benötigen für den reibungslosen Ablauf eine besonders voluminöse Ausstattung, speziell das CD-ROM-Laufwerk betreffend: wenigstens ein Gerät mit sogenanntem *Doppel-Speed*, also mit erhöhtem Datendurchsatz. Die Preisdifferenz zum noch schnelleren Vierfach-Speed-Gerät liegt allerdings nur geringfügig über dem Preis etwa einer guten Spiele-CD-ROM, so daß hier die Entscheidung zugunsten des jeweils schnellsten Laufwerkes leicht zu treffen ist.

Bei der Neuanschaffung eines PCs wird in der Regel ein CD-ROM-Laufwerk gleich mitbestellt und fertig installiert. Wird ein Rechner erst nachträglich damit ausgestattet, bieten sich mehrere Möglichkeiten an: Die einfachste Art der Ankoppelung erfolgt über den sogenannten *Druckerport,* das ist in der Regel eine *serielle Schnittstelle.* Hier wird eine Erweiterungsbox mit CD-ROM-Laufwerk eingestöpselt. An deren eigener Schnittstelle können wiederum zusätzliche Erweiterungen oder der Drukker angeschlossen werden. Dieses System bietet den Vorteil der einfachen Handhabung und die Möglichkeit, das Laufwerk ohne große Mühe auch an andere PCs oder Laptops anzukoppeln.

Gleichermaßen elegant und auf etwa gleichem Preisniveau wird das CD-ROM-Laufwerk an einer SCSI-Schnittstelle angeschlossen, die allerdings – statt der gängigen AT- oder IDE-Kontroller – den leistungsfähigeren gleichnamigen Kontroller voraussetzt. Bis zu acht Geräte, wie Festplatten, Streamer, Scanner oder eben CD-ROM-Laufwerke können an einem solchen SCSI-Kontroller durch einfaches Einklinken in Betrieb genommen werden. Die Firma *Apple* liefert ihre Rechner grundsätzlich mit SCSI-Ausstattung, bei IBM-kompatiblen Rechnern dagegen wird dafür immer eine zusätzliche Investition erforderlich. Am SCSI-Kontroller können interne und externe Komponenten arbeiten. (Externe Komponenten sind nicht ans Gerät gebunden und sind, wie die Box am Druckerport, auch an andere PCs mit gleichem Kontroller anschließbar, also auch an *Apple*-Rechner.)

Am preisgünstigsten ist allerdings ein CD-ROM-Laufwerk, das entweder an den vorhandenen AT-Bus-Kontroller, an den mitgelieferten Kontroller oder an die entsprechende Schnittstelle der Sound-Karte angeschlossen wird. Für den Anwender, der über Schraubenziehererfahrung und Preisbewußtsein verfügt, zweifellos die richtige Ausstattung. Mitgelieferte Programme machen den Konfigurationsaufwand nach dem Einbau erträglich und in aller Regel auch erfolgreich.

Daueranwender, die etwa ihr CD-gespeichertes Grafikprogramm, ein vielfältiges Schriftensortiment und ein CD-Lexikon ständig parat haben wollen, ersparen sich durch den Einsatz eines CD-ROM-Wechslers das häufige Wechseln der CDs. Je nach Ausstattung werden bis zu sieben CDs nacheinander in den Schlitz des Wechslers geschoben und können dann, unter jeweils eigenen Laufwerkbezeichnungen, jederzeit gelesen werden.

*7. Geduld aufbringen*

Erwartungen und Wünsche nehmen, zumindest bei unseren Kindern, gewöhnlich erst vor ihren Geburtstagen zunehmend festere Formen an, wobei Ausnahmen die Regel bestätigen. Als sich Joscha seinen Computer zusammengespart hatte, reichte die Summe zunächst gerade für das, was er für das Nötigste hielt: ein 486er mit reichlich Arbeitsspeicher- und Festplattenkapazität. Seine nächste größere Anschaffung war eine Sound-Karte mit Schnittstelle für ein CD-ROM-Laufwerk. Jetzt wünschte er sich nichts sehnlicher als ein solches Gerät. Als sein Geburtstag vor der Tür stand, haben wir überlegt, ob und wie dieser Herzenswunsch erfüllt werden sollte. Ein sogenanntes Double-speed-Laufwerk war damals noch viel zu teuer. Und auch die einfachen Geräte sprengten den finanziellen Spielraum für diesen Anlaß. Zu Joschas Glück senkte ein technischer Großmarkt just zu dieser Zeit drastisch die Preise für einfache CD-ROM-Laufwerke, und das Geburtstagskind konnte strahlend mit dem Einbau loslegen. Wir gingen damals davon aus, daß die Softwareindustrie die CD-ROM im wesentlichen als kopiersicheres Installationsmedium statt der Disketten vertreiben würde. Für diesen Zweck sei ein einfaches Laufwerk allemal schnell genug, hieß es. Inzwischen drehen sich die Laufwerke mit vierfacher und noch höherer Geschwindigkeit und lesen entsprechend schnell, so daß die Programme gar nicht mehr auf die Festplatte kopiert werden müssen. Für diesen Einsatz ist Joschas Laufwerk aber entschieden zu langsam, und wir erleben immer wieder, wie sehr er sich an der zum Bersten gefüllten Festplatte und dem lahmen CD-ROM-Laufwerk stört. Ein Ärger, der ihm erspart geblieben wäre, wenn wir damals für ein Double-speed-Laufwerk entweder richtig in die Tasche gegriffen oder aber nur ein Dreivierteljahr gewartet hätten, um zum gleichen Preis die doppelte Leistung zu erstehen.

---

Der PC ist ein junges technisches Medium. Die Fülle der Möglichkeiten seiner Weiterentwicklung führt zu ständig neuen, manchmal einander geradezu hektisch ablösenden Angeboten an Ausstattungs- und Peripheriekomponenten, die nicht immer von der ersten Entwicklungsstufe an halten, was sie versprechen. Das gilt übrigens auch für Software. Produkte der zweiten oder dritten Generation haben sich der Mängel weitgehend entledigt und sind zudem häufig auch noch leistungsfähiger und preiswerter.

# Wer gern Kirschen ißt, lernt bald klettern

Computer in der Schule

Schon lange gehört der Computer zum normalen Arbeitsgerät im Berufsalltag, und darüber hinaus ist er zu einem wichtigen Freizeitutensil von Kindern und Erwachsenen geworden. Die Schule jedoch, so scheint es, kommt ohne ihn aus.
Die ZEIT faßte dies im Dezember 1994 in folgende Worte: »Erinnern wir uns an die ersten elektronischen Taschenrechner! Wie lange mußten wir sie heimlich unter der Schulbank verwenden, während wir oberhalb noch mit Logarithmentafeln und Rechenschiebern hantierten! Erst als der letzte Pauker von seiner Bausparkasse einen Werbetaschenrechner geschenkt bekommen hatte, durfte das elektronische Zeitalter auch in den Schulen anbrechen. Und jetzt also der Computer. Während jeder zweite erwachsene Deutsche zugibt, daß er Angst vor den Elektronikhirnen habe, und jeder dritte, daß er noch nie an einer Computertastatur saß, üben Achtjährige das Einmaleins am Bildschirm, lernen Zehnjährige elektronisch Englischvokabeln, basteln sich Zwölfjährige ihr eigenes Lernprogramm oder kommunizieren per E-mail mit Gleichaltrigen in Amerika. Und wieder warnen die Fundis.«[4]
Sicherlich ist der Computer nicht der allein seligmachende Retter eines maroden Schulsystems, aber durch seine Nutzung könnte Schule durchaus besser, interessanter, lebendiger werden. Der Tag, an dem der Einsatz von Computern in den Schulen so selbstverständlich sein wird wie der Gebrauch von Stift und Buch, ist allerdings bislang nicht in Sicht.
Rund sieben Millionen westdeutsche Schüler müssen sich derzeit 110 000 Geräte teilen. In den neuen Bundesländern ist das

Verhältnis noch schlechter. Dazu kommt, daß die meisten Geräte hoffnungslos veraltet sind. Meist werden sie sorgsam in einem eigens reservierten Computerraum verwahrt und lediglich für trockene Informatikkurse genutzt. In den Grundschulen wird selbst diese Minimalversorgung der Gymnasien und Realschulen noch unterboten.

Als Argument für diesen Mangel dient immer wieder die Finanznot. Vor diesem Hintergrund muß die Technologieabstinenz vieler Lehrer erst gar nicht thematisiert werden. Schließlich müssen sich Lehrer nicht, so wie die meisten anderen Arbeitnehmer, auf das Technologiezeitalter einlassen und den Umgang mit Tastatur und Bildschirm lernen. Sie können ihren Job noch ohne PC bewältigen. »Besser wäre es mit Computer«, sagen unterdessen viele, die es besser wissen: Hochschullehrer, Kultusminister, Gewerkschaftsvertreter, Elternverbände und sogar der ansonsten ehcr konservative Philologenverband.

Im November 1994 haben Vertreter aus Hochschulen, Ministerien, Unternehmen und auch der Bundeselternrat das »Berliner Memorandum« unterzeichnet. Sie fordern: »Ausstattung aller Schulen mit besonders geeigneten multimedialen und vernetzten Computersystemen«. In der Erklärung heißt es: »Computerunterstütztes Lernen mit Multimedia-Systemen erschließt dynamisch und interaktiv durch Kombination aller bisherigen Medien (Schrift, Bild, Film, Ton) neue Bildungsziele und Lernwege. Mit solcher Lernsoftware kann Neues gelernt, neu Gelerntes geübt, früher Gelerntes beliebig wiederholt und vertieft werden, und zwar auf außergewöhnlich differenzierte und individuelle Art und Weise.«

### Das eigene Lernen organisieren

Das Musterbeispiel einer Schule, die alle Medien – auch Computer – nutzt, fanden wir in Gütersloh: das Evangelisch Stifti-

sche Gymnasium. Zu Beginn der achtziger Jahre entstand bei einigen Lehrern die Idee, alle verfügbaren Medien – also nicht nur Bücher, Bilder, Landkarten, sondern auch Computer, Video und Tonträger – in das Schulleben zu integrieren und zu erproben. Mit finanzieller Unterstützung der Bertelsmann Stiftung wurde das Konzept umgesetzt. Die Eltern reagierten anfangs eher skeptisch, es kamen Argumente wie: »Das kann ja wohl nicht sein: Computer statt Kommaregeln«, oder: »Jetzt zwacken die Lehrer auch noch die wichtigen Deutschstunden ab, um den Kindern Textverarbeitung beizubringen.«
Doch der Erfolg gab den Initiatoren recht: Bald merkten nämlich Eltern und Schüler, daß der Deutschunterricht keineswegs unter den Computern litt, sondern daß hier lediglich ein neues Medium einbezogen und für Qualifikationen eingesetzt wurde, die ohnehin zu erbringen waren.

Michael Kerber ist Medienkoordinator am Evangelisch Stiftischen Gymnasium. Wir haben ihn gefragt, welche Absichten hinter dem Konzept in Gütersloh stehen.

*M. Kerber:* Das ist ganz einfach. Unsere Fragestellung war und ist: Können wir mit dem Einsatz moderner Medien im Unterricht erreichen, daß eine stärkere Schülereigentätigkeit zustande kommt, daß die Kinder größere Verantwortung für den Lernprozeß selber übernehmen? Können wir diesen Prozeß, den wir mit den traditionellen Methoden eigentlich nur sehr schwer hinbekommen, mit modernen Medien unterstützen? Ich denke, diese Frage können wir mittlerweile bejahen.

*Frage:* Und wie sieht das in der Praxis aus, in welchen Fächern zum Beispiel werden verschiedene Medien eingesetzt?

*M. Kerber:* Das ist sehr breit gefächert. Also zum Beispiel werden im Englischunterricht mit dem Computer und über Datennetz internationale Kontakte geknüpft. Anders als das im Briefaustausch möglich ist, entstehen hier unmittelbare Kommunikationssituationen. Zwar leidet dabei zunächst die Sprachrichtigkeit, das heißt, einiges wird falsch geschrieben, auch grammatisch falsch konstruiert, aber die Gesprächssituationen sind sehr viel intensiver, und die Fähigkeit zu kommunizieren wird erheblich gefördert. Das ist etwas ganz anderes als die üblichen Briefe, wie: »Hallo, ich bin Erich, wie heißt deine Mutter und liebst du Hunde?« Das hat auch seinen Sinn, aber als gemeinsames Projekt in der Schule trägt das nicht weit. Ich will das an einem Beispiel erklären: Unser erstes Unternehmen war, Schülerinnen und Schüler aus unterschiedlichen Kulturkreisen zum gleichen Thema diskutieren zu lassen. Wir haben uns Kooperationspartner in England gesucht und haben uns ein Thema aus dem Geschichtsunterricht ausgedacht: Reformation. Wichtig ist, daß man Themen findet, die die Kontroverse fördern. Das ist spannend und bringt ein solches Projekt weiter. Die Zielvorstellung ist, ein gemeinsames Dokument zu erstellen. Das geht ja in den Netzen. Wenn das gemeinsame Dokument nicht zustande kommt, muß offengelegt werden, warum es kein gemeinsames Dokument gibt. Das hört sich vielleicht alles einfach an, aber natürlich gibt es in so einer Zusammenarbeit auch Probleme: die Schüler müssen auf dem gleichen Level im Stoff sein, es darf keine längere Unterbrechung geben, denn das Warten auf die Antworten schlägt sich auf die Motivation nieder. Aber wenn es dann klappt, haben die Schüler davon sicherlich mehr, als wenn sie dieses Thema ganz traditionell ›abgearbeitet‹ hätten.

*Frage:* Und in den anderen Fächern?

*M. Kerber:* Auch aus anderen Fächern gibt es eine Reihe von Beispielen. Eine sehr interessante Erfahrung ist: Schule und Freizeitbereich sind nicht mehr so getrennt. Man kann hier bei

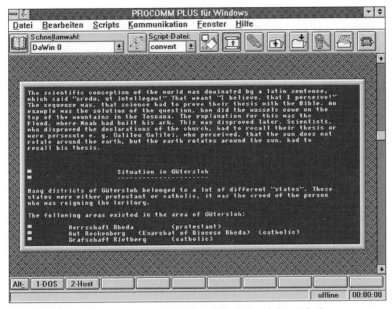

*Ausschnitt aus einem Internet-Dokument der Gütersloher Schüler.*

uns in der Schule mittlerweile jeden Nachmittag etwas machen – und das ist keine Ganztagsschule. Die Angebote entstehen einfach aus dem Unterricht. Also, ich habe kürzlich ein Projekt gemacht: Wir schreiben an einem Roman Dinge um. Das ist eigentlich ein bekanntes Verfahren im Deutschunterricht. Wenn man das Ergebnis in eine vernünftige Form bringen will und Computer dazu benutzt, steckt noch eine Menge nachträglicher Arbeit drin, die im Deutschunterricht mit der ganzen Klasse einfach nicht zu leisten ist. Also haben sich vier, fünf Schülerinnen und Schüler zusammengetan und sich nachmittags einige Male getroffen. Alle anderen haben ihre Texte auf Diskette bei dieser Gruppe abgegeben, die dann die Schlußredaktion gemacht hat. Ein anderes Beispiel: Im Geographieunterricht wird an unserer Schule auch mit der modernen Technik, in diesem Fall mit einem Wettersatelliten, gearbeitet. Im

Unterricht ist es zwar möglich, den Bereich Technik zu streifen, aber man kann das Thema nicht grundsätzlich aufbereiten. Es gibt natürlich Schülerinnen und Schüler, die interessiert aber gerade dieser Aspekt, die möchten wissen: Wie funktioniert das, wie entstehen die Satellitenbilder für die Wettervorhersage im Fernsehen? So entsteht dann die Wetter-AG. Und ein drittes Beispiel: Früher hatten wir eine Schülerzeitung, die war gedruckt. Jetzt haben wir im Prinzip drei: eine gedruckte Schülerzeitung, ein Magazin, das in der Radio-AG produziert wird, und ein Videomagazin, das in der Film-AG entsteht.

*Frage:* Offensichtlich gehen die Kinder an Ihrer Schule ganz selbstverständlich mit den Medien, also auch mit dem Computer und den Datennetzen um. Kostet das Erlernen dieser Fähigkeiten nicht sehr viel Zeit?

*M. Kerber:* Die technischen Qualifikationen lernen unsere Schülerinnen und Schüler eher beiläufig, weil wir die Medien im Unterricht einsetzen. Es gibt bei uns keinen Schüler in der zehnten Klasse, der nicht im Rechnerraum auf Anhieb zurechtkommt. Doch ein Satz noch zum Schluß: Das Zentrum unserer Schule ist nach wie vor die Bibliothek, hier sind alle Medien verfügbar. Was ich damit sagen will: Die neuen Medien sind Ergänzung der traditionellen Lehrmittel, kein Ersatz.

Die Schule in Gütersloh ist eine Ausnahme; nicht überall gibt es einen Konzern, der bereit und in der Lage ist, solch ein Projekt zu unterstützen. Aber es muß auch nicht immer die Idealausstattung sein. Mit dem Argument: »Wir haben kein Geld«, sollten sich Schüler und Eltern jedenfalls nicht zufrieden geben. Wenn nicht die Lehrer Veränderungen in den Schulen vorantreiben, müssen es eben die Kinder und die Eltern tun, Fördervereine und Sponsoren helfen hier weiter. Es gibt reichlich Bei-

spiele für Eigeninitiativen: Eltern, die ihren privaten Datennetzanschluß für die Schüler zur Verfügung stellen, Elternspenden, die für den Betrieb von Schulmailboxen genutzt werden, oder Mütter und Väter, die gebrauchte Computer für den Unterricht organisieren.
Die Voraussetzung für ein erfolgreiches Engagement von Eltern ist allerdings, daß es an den Schulen Lehrer gibt, die diese Idee aktiv unterstützen. Oft genügt schon ein kleiner Anstoß, um den Stein ins Rollen zu bringen.

### Computer als Werkzeug

In einer Grundschule in Niedersachsen zum Beispiel hatte ein Lehrer seiner Klasse einen Computer geschenkt, einen einfachen 286er. Zum Arbeiten, zum Lernen und auch zum Spielen. Es dauerte nicht lange, und die Kinder nutzten den Rechner ebenso wie andere Unterrichtsmaterialien, die ihnen zur Verfügung standen. Sie schrieben ihre Texte mit dem Computer oder mit dem Stift, sie machten Übungsprogramme am Bildschirm oder mit traditionellen Lehrmitteln, sie spielten ihre Gesellschaftsspiele am Gruppentisch oder am PC.
Die Klasse, von Anfang an gewohnt, mit Lektüre umzugehen, hat kürzlich nach einer Unterrichtseinheit über den Westfälischen Frieden gemeinsam ein Buch gelesen: *Faustrecht* von Martin Selber. Ein interessanter, aber kein leichter Lesestoff: Schwierigkeiten machten zunächst die vielen ungewohnten Ausdrücke aus der mittelalterlichen Sprache. Wer weiß schon, was *Bannfluch* oder *Blutgeld* bedeuten? Die Kinder wollten die Texte verstehen, aber wie? Die Begriffe aus Lexika und Wörterbüchern suchen und ins Deutschheft schreiben oder vielleicht ein Heft für die gesamte Klasse erstellen? Der Nachteil der Heftform lag auf der Hand: bei Bedarf immer das richtige Wort zu finden, wäre sehr mühsam gewesen, denn die Begriffe wur-

den dann übersetzt, wenn sie im Text vorkamen. Und dort standen sie eben nicht in alphabetischer Reihenfolge.
Da kam der Computer wie gerufen. Die Begriffe und die jeweiligen Übersetzungen gaben die Kinder per Editor, also ohne ein aufwendiges Schreib- oder Datenprogramm, ein. Das alphabetische Ordnen war kein Problem. Schließlich haben die Kinder das Ganze zu einem eigenen kleinen »Übersetzer« zusammengefaßt und ausgedruckt:

```
Martin Selber
Faustrecht
Ein Roman aus dem Mittelalter
-----------------------------------------------------------
Glossar
-----------------------------------------------------------
Abtrünnig              treulos, auf der Flucht
Adept                  Meister seines Fachs, Ein-
                       geweihter; dessen Jünger,
                       Schüler, Gehilfe »etwas
                       erreicht hat«
Aderlass               Öffnung einer Ader zur
                       Entziehung von Blut
Alchimist              Jemand, der sich mit
                       Alchimie beschäftigt
allenthalben           überall
Alraunentinktur        Auszug von Wurzeln der
                       Mandragora
anstellig              geschickt, gelehrig,
                       willig
Amulett                Glücksbringer
ären                   (Adjektiv) aus Haaren,
                       groben Fasern
arg                    schlimm, böse, bösartig
aufhucken              auf den Rücken nehmen
```

Die guten Erfahrungen, die Kinder, Lehrer und Eltern mit diesem noch bescheidenen Computereinsatz machen konnten, hatten Auswirkungen. Nutznießer wird die kommende erste Klasse sein, deren Raum bei Schulbeginn mit etlichen Computern bestückt sein wird. Aus dem Schuletat allerdings werden die Geräte nicht bezahlt werden können. *Impuls* griff unter die Arme, ein Verein, der sich zum Ziel gesetzt hat, »beispielhafte Projekte zu fördern und zu verbreiten, in denen Ansätze der Reformpädagogik (z. B. Öffnung des Unterrichts) und Medienpädagogik (computerunterstütztes Lernen) zu einem persönlichkeitsfördernden und zukunftsorientierten Unterricht integrativ verknüpft werden.«
Ganz pragmatisch geht der Verein dabei vor, indem er unter anderem gebrauchte Firmencomputer an Schulen vermittelt. Mit einer ähnlichen Aktion hatte der *Spiegel* bereits Mitte 1994 eine kleine Lawine in Gang gesetzt. Unter der Überschrift »Computer in die Schulen« forderte das Nachrichtenmagazin Firmen und Privatbenutzer auf, einsatzfähige Computer und die entsprechenden Peripheriegeräte zur Verfügung zu stellen, die dann an die Schulen vermittelt werden sollten. Immerhin, so hatten *Spiegel*-Redakteure recherchiert, werden allmonatlich Tausende funktionstüchtiger Computer in Deutschland ausgemustert. Bereits in den ersten Wochen der *Spiegel*-Aktion zeigte sich, daß die Nachfrage das Angebot bei weitem übertraf. Längst nicht allen interessierten Schulen konnte der Wunsch nach geschenkten Geräten erfüllt werden. *Impuls* will nun sozusagen dauerhaft an der Nahtstelle zwischen Schule und Wirtschaft agieren.
Das oben beschriebene Glossar der Grundschulklasse ist ein einfaches Beispiel dafür, wie sich der Computer hilfreich, unspektakulär und ohne großartigen Aufwand im Unterricht einsetzen läßt. Und die Kinder lernen ganz beiläufig, den Computer als praktisches Werkzeug zu nutzen.
Kürzlich erzählte Jutta S., deren Sohn nicht gerade ein begeisterter Aufsatzschreiber ist, folgende Episode: »Nach vielen

anderen Versuchen hat seine Lehrerin, die wußte, daß er gern am Computer spielt, versucht, ihn ein bißchen zum Schreiben anzuregen. Sie hat ihn einfach gebeten, seinen Aufsatz mit dem Computer zu schreiben. Das hat ihn so angespornt, daß er nach Hause kam und sagte, er müsse jetzt sofort an den Computer, das sei genauso wichtig wie bei uns, es sei nämlich für die Schule.« Es gibt also zunehmend Lehrer, die den Einsatz des heimischen Computers der Kinder tolerieren oder sogar fördern – mit Gewinn.

### Das Gefühl der Souveränität

Aber all das ist noch meilenweit entfernt von dem, was sich der amerikanische Bildungsforscher Seymour Papert vorstellt, wenn er sagt: »Ich glaube, daß das Vorhandensein von Computern uns befähigen wird, die Lernumgebung außerhalb des Klassenzimmers so zu modifizieren, daß viel, wenn nicht alles Wissen, das die Schulen heutzutage so mühevoll, mit so großen Kosten und so begrenztem Erfolg zu vermitteln trachten, gelernt wird, wie ein Kind das Sprechen lernt, mühelos, erfolgreich und ohne organisierten Unterricht. Das bedeutet natürlich, daß Schulen, wie wir sie heute kennen, keinen Platz in der Zukunft haben. Aber die Frage ist offen, ob sie sich anpassen und in etwas Neues verwandeln werden oder ob sie verkümmern und ersetzt werden.«[5]
Die eigenen Erfahrungen und unsere Beobachtungen zu Hause, in Schulen und anderen Familien bestätigen Paperts These. Entscheidend ist, wie auch Papert betont, daß »nicht der Computer benutzt wird, um das Kind zu programmieren, sondern das Kind den Computer programmiert und sich dadurch ein Gefühl der Souveränität erwirbt.«[6] Der Ausdruck ›programmieren‹ ist hier natürlich im übertragenen Sinne gemeint, insofern Kinder den Computer für sich und ihre Belange einsetzen und ihr Handeln

nicht durch die Vorgaben des Computers bestimmen lassen. Kinder, die den Umgang mit dem Computer früh gelernt haben, erwerben diese Souveränität leicht und werden in den weiterführenden Schulen nach diesem Werkzeug verlangen.

## Mit fremden Sprachen im Netz

In ihrem Projekt *Telekommunikation im Englischunterricht* hat die Oldenburger Anglistik-Professorin Heike Rautenhaus herausgefunden, daß die Kinder durch den Einsatz des Computers im Englischunterricht wesentlich mehr Spaß am Lernen hatten. Mehr als 75 Prozent der Schüler arbeiteten intensiver als gewöhnlich mit ihren Mitschülern zusammen. Eine Erfahrung, die das weitverbreitete Vorurteil widerlegt, Kinder vereinsamten am Computer. Rautenhaus hatte den Einsatz von Telekommunikation, also die schriftliche Kommunikation zweier räumlich getrennter Computer (das kann ein Computer im angrenzenden Klassenzimmer, aber auch im Klassenraum einer Schule in Amerika, Japan oder Frankreich sein) im Englischunterricht an fünfzig Schulen untersucht. Weitere Ergebnisse ihrer Untersuchung[7]:
– Jungen und Mädchen arbeiten nahezu gleich begeistert mit Telekommunikation im Fremdsprachenunterricht.
– Die Texte, mit denen die Schüler konfrontiert werden, sind authentischer, echter und konkreter als in den Lehrbüchern.
– Die Schüler machen per Telekommunikation eigene Aussagen, berichten über eigene Erfahrungen, anstatt, wie im Unterricht üblich, Informationen aus zweiter Hand zu bearbeiten.
Die Fremdsprachenlehrer am Evangelisch Stiftischen Gymnasium haben mit ihren Schülern jetzt ein neues Projekt geplant: Die Zehntklässler suchen Gleichaltrige an einer amerikanischen Schule, mit denen sie via Datennetz über das Thema Vietnam diskutieren wollen. Eine Erfahrung, die per Schulbuch, Zeitung oder Fernsehbericht nicht machbar ist.

### Lern- und Übungssoftware

Mit der Lernsoftware ist es wie mit Büchern: Nicht jedes Buch ist gut, nicht jedes ist empfehlenswert, aber selbst ›schlechte‹ Bücher müssen nicht unbedingt Schaden anrichten.
Die herkömmlichen Übungs- und Lernprogramme für den heimischen Computer oder den Rechner in der Schule arbeiten meist nach einem Schema: Der Computer stellt eine Frage, und das Kind muß antworten. Richtige Antworten werden bestärkt, falsche müssen korrigiert werden, werden gelegentlich auch mit einem Mißton oder Bildschirmflackern ›geahndet‹. Es sind Trainingsprogramme, oft nach der Methode »drill and kill« aufgebaut. Didaktisch auf dem Stand der fünfziger Jahre, zwingen sie zu monotonem Pauken und fördern nicht gerade die Kreativität.
Frederic Vester hat in seinem Buch *Denken, Lernen, Vergessen* aus dem Jahr 1975 eindrucksvoll gezeigt, wie ein gutes Schulbuch aussehen könnte, und dies der Wirklichkeit – also den üblichen Schulbüchern – gegenübergestellt. Seine Argumentation läßt sich direkt auf Lernsoftware übertragen. Deswegen möchten wir Frederic Vester an dieser Stelle zitieren:
»In diesem Buch (›Wunderwelt der Zahlen‹, ein englisches Mathematikbuch, d. V.) wird zum Beispiel gezeigt, wie die alten Ägypter beim Pyramidenbau den Grundriß genau im rechten Winkel konstruieren. Dort steht, daß der geringste Fehler im Winkel einer einzigen Ecke die Form des ganzen Gebäudes zerstört hätte. Geometrische Regeln in Assoziation mit einer zerstörten Pyramide – das weckt Neugier und Spannung. Dann wird beschrieben, wie an zwei Pfählen der einen Grundrißkante zwei gleich lange Schnüre befestigt wurden. Damit wurden dann Kreisbögen gezogen und die in den Sand gezeichneten Schnittpunkte dieser Bögen verbunden. Die neue Linie verlief dann genau senkrecht zu der alten. Dazu Bilder von Tätigkeiten beim Pyramidenbau, Menschen, die den Winkel

konstruieren, Schnüre spannen, Bewegungen und Dinge, die einen an eigene Tätigkeiten erinnern, die man in Gedanken nachvollziehen kann. Eine solche Darstellung kann man miterleben. Man vergißt sie nicht so leicht, weil sich das abstrakte, geometrische Modell über einen solchen Raster an unserem Grundmuster vielfach assoziieren und verankern läßt. Leider ist das kein Schulbuch. In einem ebensolchen, über die Geometrie für Dreizehn- und Vierzehnjährige, geht es nicht darum, wie die Pharaonen ihre Pyramiden so schön gerade bauten, sondern dort heißt dasselbe geometrische Prinzip: Fundamentalkonstruktion zur Achsenspiegelung. Lösung: ›Nach Fundamentalsatz 8;3 sind nur Achsenpunkte von zwei zueinander symmetrischen Punkten P und Q gleich weit entfernt. Gleich große Kreise um P und Q können sich demnach nur auf der Symmetrieachse zu P und Q schneiden. Wegen Fundamentalsatz 1 legt bereits ein solches Kreispaar die gesuchte Achse eindeutig fest. Anmerkung: daß es zu P und Q nicht mehr als eine Achse geben kann, folgt aus der Tatsache, daß die Strecke (PQ) nur *einen* Mittelpunkt hat und in diesem Punkt nur *ein* Lot zu PQ errichtet werden kann.‹ Dazu ist nicht mehr viel zu sagen. Die erste Konstruktionszeichnung wird im Gehirn in vielfältiger Weise an dem Bau von Pyramiden verankert. Was im zweiten Fall mit genau der gleichen Konstruktion im Gehirn passiert, kann man sich nach den vorangegangenen Erkenntnissen schon selbst ausmalen – nämlich nichts, außer vielleicht Frustration.«[8]
Dieses von Vester angeführte Beispiel des Pyramidenbaus trifft den Nagel auf den Kopf. Die visuellen, akustischen und (wenn auch eingeschränkten) interaktiven Einsatzmöglichkeiten des Computers fordern gerade dazu auf, den Lernstoff mit Hilfe all dieser Möglichkeiten zu vermitteln. Vester prägt hierfür den Begriff des »mehrkanaligen Denkens«. Bei einem guten Multimedia-Programm wären das die »Kanäle«: Sehen (Text und Bilder), Hören (Sprache, Geräusche, Musik), Schreiben (Eigenes und Vorgegebenes), Erinnern (an erfahrbare Tätigkeiten, Situa-

tionen). Es muß also gar nicht auf »drill and kill«-Methoden zurückgegriffen werden.

Leider bieten bisherige Programme diese Zusammenhänge kaum. Aber was nicht ist, kann ja noch werden. Die schlechten Schulbücher müssen schließlich nicht Vorbild bleiben, und jede neue Methodik muß ihre »Kinderkrankheiten« überwinden.

Oftmals werden Lern- und Übungsprogramme (Vokabeltrainer, Mathematik- oder Rechtschreibeprogramme) für viel Geld von Eltern gekauft, um den Lernerfolg ihrer Kinder zu unterstützen. Bald jedoch folgt die Enttäuschung: Die Kinder werden sich von dem Programm, das sie zunächst begeistert erforscht haben, ab. Das Rechtschreibeprogramm zum Beispiel, das Herr und Frau F. für ihren Sohn gekauft hatten, verlor sehr schnell seinen Reiz. Sie meinen, dies sei auch ganz verständlich: »Warum soll sich ein Kind auch mühsam mit dem auseinandersetzen, was es sowieso nicht gut kann?« Stimmt – es sei denn, das Programm bietet mehr Anreiz als schlichtes Trainieren. Meist aber geht es in diesen Trainingsprogrammen um nichts anderes als um konditioniertes Lernen von Einzelfakten.

Trotzdem wollen wir Kinder und Eltern nicht unbedingt vom Kauf und Einsatz solcher Programme abhalten, sofern sie damit besser zurechtkommen als mit dem Vokabelheft oder gar mit der leidigen innerfamiliären Nachhilfe, bei der oft genug die Fetzen fliegen. Denn das ist der unbestreitbare Vorteil selbst des stupidesten Programms: Der Computer ist ›geduldig‹ – auch beim zwanzigsten Fehler wird er nicht ›aus der Haut fahren‹. Schaden werden diese Programme nicht anrichten. Nur Wunder sollte hier niemand erwarten. Zum Trost ein Blick in die Zukunft: Die Entwicklung schreitet auch hier relativ rasch voran, die Angebote werden besser. Deswegen lautet ein wichtiger Grundsatz, der im übrigen auch für Computerspiele gilt: nicht die Katze im Sack kaufen! Es ist ganz selbstverständlich, daß wir Bücher anlesen, daß wir sie anschauen, daß wir darin blättern können, bevor wir eine Kaufentscheidung treffen.

Software aber gibt es nur in der verschlossenen Packung; die dazugehörigen Verlagsinformationen sind selbstverständlich Eigenwerbung. Auch das Öffnen der Packung allein würde niemandem weiterhelfen. Die Vor- und Nachteile eines Programms können wir schließlich erst erkennen, wenn wir es selbst am Bildschirm erproben. Mit anderen Worten: Wer Software verkaufen will, muß auch bereit sein, diese seinen Kunden vor Ort vorzuführen.

Hier noch ein Fragenkatalog als Hilfestellung, unter den vielen Angeboten im Bereich Lern- und Übungssoftware das brauchbarste zu finden:

- Wieviel Selbständigkeit überläßt das Programm mir beim Lernen? Das heißt unter anderem: Kann ich jederzeit aussteigen, überspringen oder beliebig oft wiederholen, oder muß ich nach vorgegebenen Schritten vorgehen, auch wenn ich etwas anderes üben möchte?
- Motiviert das Bewertungssystem? Nimmt es auf den Lernerfolg Rücksicht oder meldet es nur die Fehlerzahl?
- Kann ich die Bewertung auch ausschalten und versuchen, ohne Benotung zu üben?
- Wie ist die grafische Aufmachung – verwirrend oder eher langweilig? Beides ist dem Lernen nicht gerade förderlich.
- Gibt es auch Erholungsphasen, zum Beispiel kleine Spiele?
- Für welchen Zeitraum kann ich das Programm nutzen – nur wenige Wochen, ein halbes Schuljahr oder länger?
- Wie gut sind die Anweisungen? Sind Installation und Handhabung unkompliziert und störungsfrei?
- Kann ich das Programm selbst ergänzen und kann ich meine Erfolge abspeichern?

## Software für die Schule

Der Leiter der Beratungsstelle Technologie am Landesinstitut für Schule und Weiterbildung in Soest, Willi van Lück, beobachtet und bewertet seit langem Angebote für Lernsoftware für die Schule. Unter den etwa 3500 Angeboten, so Lück, befinden sich gerade mal hundert, die brauchbar sind. Seine Forderung an ein gutes interaktives Lernprogramm: »Die Aktivität muß vom Kind ausgehen und nicht von der Maschine, oder anders herum: Das Medium ist so lange still, bis das Kind eine Frage stellt.«
Nach einer guten Alternative zu so vielen ungeeigneten Programmen gefragt, entwickelten die computererfahrenen Soester Berater ein eigenes Multimediaprogramm: *Das grüne Klassenzimmer*. Diese Software enthält neben mehr als tausend Dokumenten und Simulationen »Werkzeuge« zum Schreiben und Rechnen, für Lück das Entscheidende an seinem Programm. Denn die Kinder sind nicht nur auf das Vorhandene angewiesen, sie können die Texte überarbeiten, neue Texte erstellen, eigene Berechnungen durchführen und individuelle Arbeitsmappen anlegen. Nicht der Computer, sondern die Kinder bestimmen das Lernen.
Willi van Lück hat ein Unterrichtsprojekt in einer Grundschulklasse aufgezeichnet, in dem neben anderen Methoden auch *Das grüne Klassenzimmer* eingesetzt wurde[9]:
»Die Kinder haben in ihrem Grünen Klassenzimmer, draußen auf dem Schulhof, Blumen angepflanzt, die sie auf dem nächsten Sommerfest verkaufen wollen, und entdecken nach einem Wochenende plötzlich ganz viele Raupen an ihren Blumen. Nun haben sie Sorge um ihre ›Ernte‹, sie sind betroffen. Im Klassenverband diskutieren sie (die Lehrerin verzichtet auf ihren vorbereiteten Unterricht): Was können wir tun, um die Blumen zu retten? Was wissen wir über diese Raupen? Und es bilden sich Gruppen, die verschiedene Aufgaben übernehmen. Das gesamte Lernarrangement wird in einem Arbeitsplan festgehalten.

Gruppe A geht in ein Gartencenter und informiert sich, welche speziellen Pflanzenschutzmittel es gibt, wie die einzusetzen sind und wie sie wirken.
Gruppe B befragt »Experten« (Gartenbesitzer, Großeltern, Freunde oder Bekannte, die Eltern), was sie in diesem Fall tun würden und was sie in einem solchen Fall schon einmal mit Erfolg getan haben.
Gruppe C besucht Gärtnereien, möglichst einen konventionellen und einen ökologisch arbeitenden Betrieb, und befragt die dort beschäftigten Mitarbeiterinnen und Mitarbeiter.
Gruppe D fertigt auf der Grundlage eigener Beobachtungen einen Steckbrief über die Raupen an; sie besorgt sich zusätzlich Fachliteratur aus Bibliotheken.
Gruppe E stellt sich ein kleines Sachbuch mit dem Titel »Singvögel und Raupen« her.
Die drei Kinder der Gruppe E nutzen die Hypermedia-Arbeitsumgebung Grünes Klassenzimmer und suchen die Medienecke auf. Die Kinder sprechen miteinander über die Sache, verständigen sich über ihre Tätigkeiten und interagieren mit dem Medium: Sie stöbern im Datenbestand, sie suchen assoziativ (durch Klicken) nach geeigneten Informationen, sie gehen auch mal nach »rechts und links« und schweifen ab, in der Regel kehren sie aber wieder zu ihrer Aufgabe zurück, sie diskutieren anhand des Protokolls ihren bisherigen Lösungsweg und entscheiden, von welchem Dokument aus weitergesucht werden soll, sie sammeln geeignete Dokumente aus dem Datenbestand in ihrer Arbeitsmappe, sie erstellen aber auch eigene Dokumente mit dem Schreibwerkzeug und sie drucken schließlich das so entstandene Sachbuch aus.
Nach der arbeitsteiligen Kleingruppenarbeit diskutieren die Kinder ihr »geteiltes Wissen« in der Klasse. Dabei bildet sich für alle Kinder ein strukturiertes Orientierungswissen. Unter anderem erkennen die Kinder, daß es Schädlinge eigentlich gar nicht gibt und daß es vier verschiedene Methoden der »Schäd-

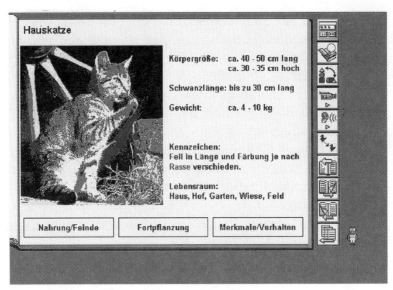

*Winnie im grünen Klassenzimmer*

lings«bekämpfung gibt: erstens die chemische Bekämpfung durch Einsatz von Giften, zweitens die naturnahe Regulierung durch Begießen mit Kräuterauszügen, drittens die mechanische Schädlingsbekämpfung durch Vertreiben, Fangen und Absammeln und viertens die ökologische Regulierung (durch richtige Sortenwahl der Pflanzen, durch Mischkultur, durch ausgewogene Düngung) oder durch Förderung bestimmter Freßfeinde. Die Kinder entscheiden sich in diesem Jahr dafür, die Blumen dadurch zu retten, daß sie die Raupen absammeln und an einem anderen Ort aussetzen.»Aber im nächsten Jahr soll alles anders sein!«

Das Soester Programm ist inzwischen vom Schulbuchverlag Cornelsen übernommen worden und erscheint dort unter dem Titel *Winnie im grünen Klassenzimmer*. Damit geht der Verlag, der bisher eher traditionelle Lernprogramme auf den Markt gebracht hat, neue Wege. Interaktive Multimedia-Software allerdings kann nur an Schulen genutzt werden, die über multimediafähige Computer verfügen. Das heißt, daß mindestens

folgende Voraussetzungen erfüllt sein müssen: PC 486er DX2, mindestens 4 MB Arbeitsspeicher (besser sind 8 MB oder mehr), Soundkarte und Lautsprecher, SVGA-Grafikkarte und CD-ROM-Laufwerk (mindestens double speed).
Im Bereich Lernsoftware für Schulen drängen immer mehr Anbieter auf den Markt. Den Überblick über geeignete Software zu behalten, fällt schwer. Seit 1988 bietet das Landesinstitut für Schule und Weiterbildung in Soest die Ergebnisse seiner Untersuchungen als Service für die Schulen an: In einer ständig aktualisierten Datenbank werden alle Unterrichtssoftware-Angebote gesammelt und bewertet. Alle Bundesländer verfügen unterdessen über diese SODIS-Datenbank. Lehrerinnen und Lehrer können also Informationen über Lernsoftware bei ihren Landesbehörden abfragen, und Eltern wiederum können von informierten Lehrern erfahren, welche Software auch für den Hausgebrauch sinnvoll ist.

```
 Datei  Einstellungen  Protokoll  Recherche  Hilfe
Nummer: 0036
----- Programmname:
IKG: Computer-Plan-Spiel "Wohin mit dem Müll?"
----- Version:
1.2 (Erprobungsversion)
----- Erscheinungsjahr:
1990
----- Anbieter:
Regionale Beratungsstellen NRW
----- Preis (Arbeitsplatz/Fachraum/Schule):
MS DOS Rechner -, -, 0,00 DM
----- Hinweise:
Kostenlos zum Kopierpreis über die Regionale Beratungsstellen des
Landes NRW
----- Dialogführung:
deutsch
----- Hardware/Betriebssystem:
MS DOS Rechner, 512 KB, zwei Diskettenlaufwerke oder Festplatte,
Hercules-Graphikkarte oder MCGA, VGA, IBM 8514, Drucker, Maus
----- Programmart:
Simulationsprogramm, Experimentierumgebung
----- Bewertende Stelle:
LSW, Soest
 [F1] Hilfe [F2] Protokoll [Esc] Abbruch
```

*Auszug aus der SODIS-Datenbank*

## Zwischen Spielen und Lernen: edutainment

Software zwischen education (Bildung) und entertainment (Unterhaltung) hat sich in den letzten Jahren rasant entwickelt. Der neue Begriff heißt: *Edutainment*. In Amerika feiert diese Sparte schon seit einiger Zeit große Erfolge. Das, was in der Pädagogik längst ein alter Hut ist, nämlich »spielend lernen«, haben die Software-Entwickler und Verlage jetzt zum Programm gemacht. Sie bieten munter aufgemachte Unterhaltungs- und Lernsoftware an und locken damit vor allen Dingen Eltern, die den Familiencomputer nicht bloß mit Spielen bestücken wollen. Die Zauberformel heißt »Multimedia« – CD-ROMs, in denen sich nach Belieben herumstöbern läßt: Abenteuer-Lernspiele mit kleinen Animationen, Videos und Sound.

In den Edutainment-Programmen geht es nicht darum, ein bestimmtes Wissenspaket zu lernen, Lektion 5 zum Beispiel, sondern um eine breitere und nicht schulabhängig angelegte Themenpalette. Edutainment-Programme sind vielschichtig und nutzen alle verfügbaren Leistungen des PCs: die Kombination von Text, Bild, Video und Ton ebenso wie die Interaktivität, also das Eingreifen des Nutzers, um entweder hin- und herzuswitchen oder eigene Produkte entstehen zu lassen. Wir werden noch in diesem Kapitel auf das spezielle Programmangebot eingehen.

Angesprochen wird in erster Linie die Altersgruppe zwischen drei und zehn Jahren. Das sind Computernutzer, die noch wenig Erfahrung mit dem Gerät haben und relativ unvoreingenommen und ohne allzu große Ansprüche an die Programme herangehen. Sie sollen durch die kleinen Aufgaben mit dem Computer vertraut gemacht werden. Malen, Puzzlen, Zählen, Lesen wird durch die bekannten Buch- und Fernsehhelden wie Pumuckel oder die »Maus« vermittelt. Von älteren Kindern, die bereits aufwendige Spiele mit ausgefeilten Grafiken und komplizierten Abenteuerspielen kennengelernt haben und diese als

Standard setzen, werden diese Edutainment-Programme eher als langweilig abgetan.

Als Einstieg in die Computerwelt halten wir Edutainment-Programme allemal für eine bessere Alternative, als den Kindern irgendeine Spielekonsole an die Hand zu geben, die sie bewußt in ihrer kindlichen Spielewelt beläßt, um sie von Mamas oder Papas Tastatur so lange wie möglich fernzuhalten. Außerdem bewegen sich die Kosten für diese Programme noch in vertretbaren Relationen: etliche gibt es unter der Fünfzig-Mark-Grenze. Viele Programme enthalten pfiffige Spielsequenzen, in denen es um Erkennen und Zuordnen von Farben, Buchstaben und Zahlen geht. Ein Vorteil für Puzzle- oder Memoryspiele: Die Teile können nicht verlorengehen, sie werden weder geknickt noch zerrissen und stehen in jedem neuen Spiel wieder in ihrer ursprünglichen Form zur Verfügung.

Problematisch ist bei einigen Produkten die Normierung: Alles muß sauber sein, »falsche« Farben im Malbuchbild oder ungenaues Malen werden negativ kommentiert. Wenn das Kind aber selbstbewußt genug ist, um sich den Anweisungen des Sprechers zu entziehen, kann es malen, wie es will. Auf alternative Produkte von kleineren Kinderbuchverlagen wird man wohl vergeblich warten, denn die Produktionskosten für eine CD-ROM in diesem Bereich liegen bei mindestens 350 000 Mark. (Was immer noch wenig ist im Vergleich zu den Produktionskosten aufwendiger Spiele, die in die Millionenhöhe gehen. Auch hier können sich nur die Großen durchsetzen.) Für freieres Malen und Schreiben gibt es andere Programme, auf die wir im letzten Kapitel über Kreativität am Computer eingehen werden.

Mit zunehmender Computerkompetenz entwachsen die Kinder den Edutainment-Spielen genauso wie sie irgendwann auch nicht mehr mit Bauklötzen oder Stecksteinen, mit Sandförmchen oder der Puppenküche spielen. Eltern kennen die Vorlieben ihrer Kinder am besten. Bei der Programmauswahl sollten

sie sich auch hier nicht durch bunte und verschweißte Verpackungen zu Spontankäufen verführen lassen. Die Forderung: ›Erst sehen, dann kaufen‹ gilt auch für diese Produkte. Kaum jemand kauft sich eine ihm unbekannte Musik-CD, ohne sie vor Ort anzuhören. Für die CD-ROM sollte das gleiche gelten.
Wir haben allein und gemeinsam mit Kindern einige der neuen Edutainment-Programme erprobt. Gefallen hat uns die vom irischen Softwarehaus *Iona* produzierte *Thinkin' things Collection*. Die Serie, die bisher aus zwei Programmen – einem Anfängerprogramm für die Vier- bis Achtjährigen und einem Fortgeschrittenenprogramm für die Sechs- bis Zwölfjährigen – besteht, ist bereits in der deutschen Version erhältlich.
*Thinkin' things* soll – so der Pressetext – »Merkfähigkeit, Kreativität und kritisches Denken sowie die Fähigkeiten zum Lösen von Problemen schulen«. So pädagogisch, wie dieser Text vermuten läßt, kommt das Spiel allerdings zum Glück nicht daher. Es ist eher eine Mischung aus Spielen, Erproben, Kombinieren, Wiedererkennen und Kreieren. Im Musikteil, in dem musikalische Abfolgen in gleicher Weise nachzuspielen sind, wird deutlich, was Interaktivität sein kann. Die Kinder müssen nämlich nicht auf irgendwelche Aufgaben wartend vor dem Bildschirm sitzen, sondern sie können die gewohnte Rollenverteilung einfach umdrehen. Dann müssen Affe und Pelikan, die beiden Protagonisten auf dem Bildschirm, die Rhythmen oder Tonfolgen nachspielen, die die Kinder eingegeben haben. Natürlich haben die beiden Tiere dabei keinerlei Probleme. Wenn sich die Kinder beim Nachspielen vertun, behalten Pelikan und Affe ihre Ruhe und fordern – ohne negative Bewertung – immer wieder zum Neuversuch auf. Sind Melodie oder Rhythmus irgendwann gefunden, reagieren sie ebenso begeistert, als hätte das Nachspielen auf Anhieb geklappt. Wenn Oranga Banga, der rhythmische Affe, mit seiner sanften Stimme auffordert: »Und nun du«, können sich selbst spielbegleitende Erwachsene der Herausforderung kaum entziehen.

Das Spiel verfügt über mehrere Schwierigkeitsgrade. Die beiden musizierenden Tiere zu beobachten und sich optisch den Klangablauf zu merken, ist noch relativ einfach. Richtig schwierig wird es erst bei der zweiten Variante, wenn sich die Klangfolge nämlich im Dunkeln abspielt und man sich nur noch auf das Gehör verlassen kann. Die optischen Spielsequenzen bieten Möglichkeiten zum Kreieren, Wiedererkennen und Suchen. In der »dreidimensionalen Welt« schließlich halten sich auch gern ältere Kinder oder Erwachsene auf, um Klang- und Raumbilder zu mischen.

*Thinkin' things II* setzt auf das bewährte Muster der ersten Ausgabe und stellt neue Herausforderungen. Oranga Banga leitet nun eine High-Tech-Band. Von den Kindern selbst zusammengestellte Rhythmen können gespeichert und immer wieder abgerufen werden. Eigene, am Bildschirm gefertigte Bilder werden als dreidimensionale Formen dargestellt. Auch diese Werke sind speicherbar, was nicht ganz unwichtig ist, schließlich wollen (nicht nur) Kinder das, was sie entwickelt haben, auch gern mal vorzeigen.

Leider bislang nur in Originalfassung, also in englischer Sprache, liegt *The Adventures of Dengotti* vor.
Das Spiel ist eine Mischung aus Adventure- und Edutainment-Programm für junge Computereinsteiger. Wir wünschen dem Programm möglichst bald eine deutsche Übersetzung. Die Geschichte von Dengotti ist der Märchenwelt entlehnt. Ziel des Spiels ist es, einen Schatz zu finden. Dieser Schatz aber ist weder aus Gold und Silber, noch ist es die berühmte Kiste mit den Edelsteinen, sondern es ist ein Buch (!) voller Weisheit. Ein Buch gehört auch schon zur Software – ein großes buntes Bilderbuch, das per Kabel mit einer der Computerschnittstellen verbunden wird. Kinder können den Handlungsablauf der Geschichte über die Farbtasten auf den Buchseiten steuern. Es ist aber alternativ auch der Einsatz von Maus und Tastatur möglich. Wer nicht selbst eingreifen möchte, kann es sich vor dem Bildschirm bequem machen und sich die fertige Geschichte einfach vorspielen lassen. Wer aber Eigenes einbringen möchte, kann nach Belieben den Verlauf des Märchens ändern. Nach jedem Ereignis ist es möglich, Entscheidungen für den weiteren Verlauf der Handlung zu treffen. So werden im Hintergrund bis zu fünfzig Varianten der Geschichte aufgezeichnet, die dann als quasi eigenes Werk mit Ton und Animation abgespielt werden können.
*Thinkin' things* und *The Adventures of Dengotti* sind Edutainment-Programme, die neue Wege gehen. Es sind gewiß nicht die einzigen guten Angebote. Sie zeigen, was bereits machbar ist, wenn man Programme für Kinder mit einem entsprechenden Anspruch verbindet.
Das Edutainment-Angebot wird qualitativ und quantitativ schnell wachsen und nicht unerheblich zum Umsatz der Computerbranche beisteuern, wenn zwei Voraussetzungen erfüllt werden: die vielfältigen Möglichkeiten, die Hard- und Software bieten, müssen genutzt werden, und die User – das heißt die Kinder – müssen in ihren Ansprüchen und Fähigkeiten ernst genommen werden.

Die folgenden Edutainment-Programme können wir empfehlen:
*Thinkin' things I und II.* Iona Software
*Burg Drachenstein.* B.I.M. GmbH
*GUS geht nach Cybertown.* Telemedia GmbH
*The Adventures of Dengotti.* (In englischer Sprache). P.M.D.-Edutainment, Israel
*Swamp Gas Visits Europe.* Iona Software
*Millie's Math House.* Iona Software
*Sammy's Science House.* Iona Software
*Ollis Welt.* Navigo
*Der kleine Bauernhof.* Teach Media

**Infotainment oder: Die Welt als Scheibe**

Als das CD-ROM-Laufwerk zur (fast) selbstverständlichen Grundausstattung neuer PCs im Familienbereich avancierte, entdeckten Softwarefirmen und große Buchverlage ein gemeinsames Produkt: das Wissen auf Scheibe. Die großen Nachschlagewerke kann man sich inzwischen nicht mehr nur ins Bücherregal stellen, sondern ebenso als CD-ROM ins Laufwerk schieben und dann per Tastatur und Mausklick durch die Jahrhunderte, die Welt der Musik und der Kunstgeschichte oder durch den englischen Wortschatz blättern. Zu den aus Büchern gewohnten Text- und Bildteilen fügen sich Videoclips, Sounds und Animationen.
Für Kinder wurden zunächst Programme entwickelt, von denen man meinte, daß die Thematik sie interessiere: Tiere und Abenteuer. Unterdessen wurde das Programm auch auf andere Bereiche ausgeweitet, zum Beispiel Kinderlexikon, Wörterbücher, Informationen über Länder, Menschen und Technik.
Interessant an diesen Programmen ist zweierlei: Zum einen werden hier weitgehend die Möglichkeiten des Mediums ausgenutzt: neben den Texten gibt es Videoclips, Farbbilder,

Animationen und Originaltonaufnahmen. Die Funktionen: Stichwortsuche oder Lesezeichen setzen, das einfache Vor- und Zurück»blättern« machen den Umgang mit dem Programm recht komfortabel. Mögliche Ängste, daß vielleicht der Überblick verlorengeht, weil ja immer nur ein Bildschirm und kein ganzes Buch vorhanden ist, verfliegen schnell. Außerdem machen das Blättern, Hören und Sehen per Mausklick einfach Spaß.
Zum anderen können die Nutzer selbst eingreifen (so wie beim *Grünen Klassenzimmer*). Die Texte und Bilder können kopiert und in der Textverarbeitung weiter genutzt werden. Für Kinder bieten sich vielfältige Möglichkeiten, indem sie zum Beispiel eigene Referate zu bestimmten Tierarten oder ausgewählten Themen zusammenstellen können, kombiniert aus ihren selbst geschriebenen Texten und Teilen des Programms.

Im Frühjahr bekam unsere Katze sechs Junge. Alle Familienmitglieder waren aufgeregt, unsere Tochter hatte sich am intensivsten mit dem Ereignis auseinandergesetzt, denn es ist ihre Katze. Durch die Lehrerin zum Referatschreiben angeregt, hat sie für sich selbst eine kleine Entwicklungsgeschichte zusammengestellt, von der Zeugung bis zur Geburt der kleinen Katzen. Mit ihren eigenen Worten und bestückt mit Informationen und Bildern aus dem Programm »Brehms Tierleben« entstand das Dokument auf der folgenden Seite.

Es gibt eine ganze Reihe einander ähnlicher Produkte; die Programme unterscheiden sich in ihrer Aufmachung und der Menge der Daten, lassen sich aber alle für die eigene Bearbeitung nutzen. »Faszinierende Kreaturen« zum Beispiel, ein Infotainment-Programm über ungewöhnliche Tierarten, verfügt zwar nicht über die riesige Datenmenge eines Tierlexikons wie der »Brehm«, hat aber den Vorteil, den Kindern viele Handlungsmöglichkeiten anzubieten.

# Meine Katze bekommt Junge

Meine kleine Katze ist nicht mehr die kleine Katze, die sie einmal war. Sie hat einen Kater gefunden und sie hat sich immer gerollt und wollte immer gestreichelt werden. Als der Kater nicht mehr kam, hat Jenny nur geschlafen. Jetzt spielt sie ganz normal. Bald wird sie Junge bekommen. Ich freue mich schon drauf. Weil ich gern wissen wollte, wie lange wir auf die Katzenbabys warten müssen, habe ich in meinem Computerprogramm nachgeschaut und das gefunden:

```
Geschlechtsreife, Tragezeit und durchschnittliche Anzahl der Jungen pro
Geburt einiger Säugetiere
Tier            Geschlechtsreife    Tragezeit       Anzahl Junge
Ratte           1-2     Monate      12      Tage    4-20
Goldhamster     1-2     Monate      16      Tage    1-12
Hund            6-8     Monate      63      Tage    1-22
Hauskatze       6-15    Monate      56      Tage    4
Ziege           8       Monate      148     Tage    1-2
Schaf           7-8     Monate      151     Tage    1-2
Rind            6-14    Monate      281     Tage    1
Pferd           1       Jahr        336     Tage    1
Löwe            2       Jahre       110     Tage    1-6
Bison           3       Jahre       275     Tage    1-2
Walroß          4-5     Jahre       365     Tage    1
Schimpanse      8-9     Jahre       237     Tage    1
Gibbon          8-10    Jahre       210     Tage    1
Elefant         8-16    Jahre       624     Tage    1
Nashorn         20      Jahre       210     Tage    1

Zum Vergleich:
Mensch          12-15   Jahre       267     Tage    1
```

*Hauskatze*
*Die Paarung der Hauskatze erfolgt gewöhnlich zweimal im Jahre, zuerst Ende Februar oder Anfang März, das zweite Mal zu Anfang Juni.*
*Fünfundfünfzig Tage nach der Paarung wirft sie fünf bis sechs Junge, welche blind geboren werden und erst am neunten Tage sehen lernen. Gewöhnlich erfolgt der erste Wurf Ende April oder Anfang Mai, der zweite Anfang August. Die Mutter sucht vorher immer einen verborgenen Ort auf, meist den Heuboden oder nicht gebrauchte Betten, und hält ihre Jungen so lange wie möglich verborgen.*

Heute war es so weit. Unsere Katze hat sich aber nicht versteckt, sie wollte bei uns sein. Ute war schon früher aufgestanden, weil die Jungs heute Schule hatten. Ich habe samstags frei. Plötzlich hat Ute mich gerufen, weil Jenny sich so komisch benommen hat. Sie wollte immer von uns gestreichelt werden und hat miaut. Dann hat Jenny sich in die Kiste gelegt, die wir für sie hingestellt hatten und hat ganz fürchterlich geschrien. Ich konnte vor lauter Aufregung und Angst gar nicht frühstücken. Endlich hat Jenny ihre Kinder geboren. Wir hatten vorher alle gewettet, wieviele es werden könnten. Aber niemand hat die richtige Zahl erraten. Es waren sechs Katzenbabys, drei rote und drei schwarze.

*Faszinierende Kreaturen*

Nicht nur jüngeren Kindern macht es Spaß, die Maus auf dem Bildschirm tanzen zu lassen und dadurch zu immer neuen Informationen zu gelangen. Die Videos sind sogar mit dem Originalton unterlegt. Die Textteile sind kurz, und vieles wird vorgelesen. Ein Sahnestückchen bei »Brehm« hingegen sind die Originalzeichnungen der Ausgabe von 1911, die man ausdrukken oder als Hintergrundbild unter Windows legen kann.

*Windows Hintergrundbild aus »Brehm«*

Programme, die bislang nur in englischer Sprache vorliegen, denen wir aber die Übersetzung ins Deutsche wünschen, sind die drei Angebote des englischen Verlagshauses *Dorling Kindersley: My First Incredible, Amazing Dictionary; Encyclopedia of Science* und *The Way Things Work*.

Das *Dictionary* ist ein erstes Wörterbuch sowohl für Kinder, die bereits lesen können, als auch für solche, die sich die Begriffe vorlesen lassen möchten. Tausend Wörter werden durch Text und Illustrationen, durch Sprache, Geräusche und durch Animationen erklärt. In den Spielsequenzen können die Kinder testen, was oder wieviel sie bereits gelernt haben. Falsche Antworten werden nicht geahndet, sondern lustig in Bild und Ton umgesetzt. Wenn der falsche Begriff angeklickt wurde, erscheint das Zebra eben mit Punkten statt mit Streifen, oder aus dem Rumpf des Flugzeugs ragen Bananen statt Flügel.

Die *Encyclopedia of Science* ist für Kinder und Erwachsene gedacht, die an naturwissenschaftlichen Fragen interessiert sind. Gespickt mit Videosequenzen, mit Sound und vorgelesenem Text bietet das Programm eine Fülle von Antworten sowohl auf ganz profane wie auch etwas verzwicktere Fragestellungen. Wer in der englischen Sprache bereits halbwegs zu Hause ist, kommt auch schon mit der Originalausgabe klar. Der Text ist gut verständlich geschrieben und wird ebenso deutlich vorgetragen.

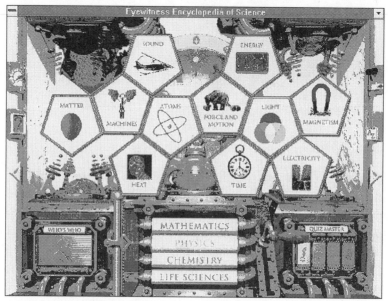

*Encyclopedia of Science*

*The Way Things Work* von David McCawley schließlich erklärt per Bild, Schrift, Ton und Animation die Funktionen sowohl von einfachen wie von komplexen Maschinen und Zusammenhängen, und zwar anschaulicher als die meisten Schul- und Sachbücher.

The Way Things Work

Ältere Kinder werden möglicherweise auch an dem Programm *Eine kurze Geschichte der Zeit*, das auf dem gleichnamigen Bestseller von Stephen W. Hawking basiert und das durch seine Verständlichkeit und Vielschichtigkeit beeindruckt, oder an dem Programm *Die Evangelien*, das durch künstlerische und musikalische Aufbereitung aus dem üblichen Rahmen fällt, Interesse haben.

*Eine kurze Geschichte der Zeit*

*Die Evangelien*

Dies ist nur eine kleine Auswahl aus den aktuellen Infotainment-Programmen. In diesem Bereich wird das Angebot weiter wachsen, und wenn es sich bei den Produkten nicht um die bloße Digitalisierung von Büchern handelt, sondern die zusätzlichen Möglichkeiten des Mediums auch weitgehend genutzt werden – also Video, Audio und Interaktion –, sind Infotainment-Programme eine interessante Bereicherung zu den herkömmlichen Nachschlagewerken zwischen zwei Buchdeckeln. Hier noch einmal kurz zusammengefaßt eine Liste empfehlenswerter Infotainment-Programme:
*Der farbige Brehm.* Rossipaul Verlag
*Faszinierende Kreaturen.* Microsoft
*My First Incredible, Amazing Dictionary.* Dorling Kindersley Multimedia
*Encyclopedia of Science.* Dorling Kindersley Multimedia
*David McCawley: The Way Things Work.* Dorling Kindersley Multimedia
*Die Evangelien.* Telemedia GmbH
*Stephen W. Hawking: Eine kurze Geschichte der Zeit.* Navigo Multimedia GmbH
*Fellini.* Telemedia
*Cinemania 94/95.* Microsoft

# Spielend lernt sich's leichter

Vom Rechner zum Spielzeug

### Eine kurze Geschichte des Spiels

Spielen gehört zur Kindheit. Doch auch Erwachsene spielen, sie nennen es meist nur anders: Freizeitbeschäftigung oder Hobby. Diese strikte Trennung gab es nicht immer. In früheren Epochen spielten die Generationen gemeinsam, wie ein kurzer Blick in die Vergangenheit belegt.
»Man muß den Eindruck haben, daß man damals noch nicht so rigoros wie heute zwischen Spielen für Kinder und solchen für Erwachsene unterschied. Den einen wie den anderen waren dieselben Spiele geläufig«,[10] schreibt Philippe Ariés in seiner *Geschichte der Kindheit,* in der er nachweist, daß es im Mittelalter und in der frühen Neuzeit »Kindheit« als einen vom Erwachsenenleben abgegrenzten Lebensabschnitt nicht gab und Kinder und Erwachsene auch gemeinsam spielten.
Erst mit der Entwicklung der bürgerlichen Kleinfamilie seit Ende des 17. Jahrhunderts wurde die »Kindheit« entdeckt und das Spielen ihr zugeordnet. Als schließlich die Erzieher (aus Religion, Medizin und Militär) das Spiel für ihre Zwecke vereinnahmten, mußte es auch seinen pädagogischen Sinn bekommen.
»Alle Spiele und Unterhaltungen der Kinder sollten auf gute und nützliche Gewohnheiten gerichtet sein, sonst werden sie zu bösen führen«[11], erklärte der englische Philosoph John Locke 1692 in seinen *Gedanken über Erziehung.* Und eifrig begannen nun die Pädagogen davor zu warnen, dem Kind »unnützes«, nur dem Vergnügen dienendes Spielzeug zu überlassen. Von da an schwebte über allem Spiel auch der pädagogi-

sche Zweck. Das Spielen mußte (und muß vielfach heute noch) einen »Sinn« haben, der über das einfache Vergnügen daran hinausweist.

Die pädagogischen Ansprüche an Spiel und »wertvolles« Spielzeug fanden ihren materiellen Ausdruck beispielsweise in den Fröbelschen Spielgaben und in den Sinnesmaterialien der Maria Montessori und mündeten dann in die Grundsätze der Waldorfpädagogik, die es sich unter anderem zur Aufgabe machte, die Kinder mit Technik zu verschonen.

Die Expansion der Spielzeugindustrie in den fünfziger und sechziger Jahren schließlich hatte die Gründung des *Arbeitsausschusses Gutes Spielzeug e.V.* zur Folge, der mit dem Label »spielgut« (über ein entsprechendes Label für Computerspiele werden wir Sie im folgenden Kapitel informieren) diejenigen Spielsachen auszeichnete, die den Vorstellungen des Ausschusses zufolge der körperlichen, seelischen und geistigen Entwicklung der Kinder förderlich waren.

## Jede Zeit hat ihr Spielzeug

Als »gutes Spielzeug« galt demnach solches, das »von echtem und dauerndem Spielwert, einwandfrei gearbeitet, einfach und schön in Farbe und Form« war. Das entsprach lange dem sogenannten Zeitgeist. Ob Kleinkinder tatsächlich mehr Gefallen an ungefärbten schlichten Holzklötzchen als an bunten Plastikteilen hatten, blieb dahingestellt. Mittlerweile ist die Naturholzwelle im Spielzeugbereich etwas abgeklungen. An dieser Stelle gilt das Sprichwort »Jedes Alter hat sein Spielzeug« in abgewandelter Form: »Jede Zeit hat ihr Spielzeug.« Denn mit jedem neuen Spielzeug taucht erneut die Frage auf: Gut oder schlecht? Nicht erst mit dem rasanten Einzug der neuen Medien in die Welt der Kinder machten sich die Pädagogen zu Fürsprechern der nachfolgenden Generation, das hatten sie auch schon früher getan. Nur: Hier scheiden sich die Geister, wie man zum Beispiel in diesem kurzen Dialog leicht feststellen kann:

*Alfons:* Ein Computer für meine Kinder? Nein mit dieser seelenlosen Technik kommen sie noch früh genug in Berührung. Es genügt schon, daß sie fernsehen.
*Berta:* Aber das ist doch altmodisch und außerdem glatte Verleugnung der Wirklichkeit. Egal wohin man kommt, stolpert man über Computer. Warum hat er nur im Kinderzimmer nichts zu suchen?
*Alfons:* Autos gibt es heute doch auch fast überall. Soll ich deswegen meinen Kindern ein Auto schenken?
Berta: Der Vergleich hinkt. Mal abgesehen davon, daß Kinder sowieso nicht ans Steuer dürfen. Aber an die Tastatur dürfen sie doch.
*Alfons:* Nicht bei mir. Die sollen erst mal das wirkliche Leben kennenlernen: Wald, Wiese, Meer, Sonne, Menschen und Tiere – so wie sie in Wirklichkeit sind, nicht auf dem Bildschirm.
*Berta:* Das eine schließt doch das andere nicht aus. Warum nicht Wiese *und* Computer? Beides gehört zu Wirklichkeit. Bäume willst du doch auch nicht verbieten, nur weil sie auch gefährlich sein können. Schließlich kann man sich ganz prima ein Bein brechen, wenn man runterfällt.
*Alfons:* Was soll das denn! Natürlich kann man sich ein Bein brechen, aber erstens muß man Kinder ihre Erfahrungen machen lassen, und zweitens sind meine Kinder so vernünftig, daß sie Gefahren vermeiden, also nicht gerade auf den dünnsten Ast steigen.
*Berta:* Siehst du, das meine ich auch: Kinder müssen Erfahrungen sammeln – auch am Computer – und ich traue ihnen zu, daß sie damit umgehen können und sich davon nicht überwältigen lassen.

Lohnt es sich überhaupt, so heftig über dieses Thema zu streiten? Ist die Computertechnik nicht längst an uns vorbei in die Kinderzimmer eingezogen? Walter Benjamin schrieb 1928:

»Die nachhaltigste Korrektur des Spielzeugs vollziehen nie und nimmer die Erwachsenen, seien es Pädagogen, Fabrikanten, Literaten, sondern die Kinder selber im Spielen.«[12] Kinder wollen am Computer spielen, und die Industrie hat es mit einer explosionsartig wachsenden Nachfrage zu tun. Computer werden als Spielgerät benutzt und sind als solches beliebt. Haben sich die Kinder dieses Spielzeug also nicht längst erobert?

### »Mit dem Computer geht das«

Ist *Spielzeug* überhaupt das richtige Wort? Sicher, man kann mit dem Computer spielen – aber ist er deswegen nichts als ein Spielzeug? Tatsache ist, daß er eine große Faszination auf Kinder ausübt. Während es bei herkömmlichen Spielsachen erhebliche Unterschiede bei der Wertschätzung durch die Kinder gibt, sei es nun alters-, geschlechts- oder einfach geschmacksabhängig, werden Computer von fast allen Kindern akzeptiert. Oder anders: Die meisten Kinder wollen einen Computer. Warum? Fragen wir doch die Kinder selbst.
Felix (12): Ich kann doch mit meinen Freunden nicht mehr mit Lego oder mit Spielzeugautos spielen, aus dem Alter sind wir einfach raus. Wir spielen zwar manchmal Gesellschaftsspiele, aber das geht auch nur mit drei, vier oder mehr Leuten. Wenn ich aber mit einem Freund allein spiele, geht das ganz prima mit dem Computer. Es macht Spaß, Rätsel im Adventure-Spiel gemeinsam zu lösen, oder auch mal gegeneinander zu spielen. Und dann probieren wir auch viel aus in den Spielen, aber auch mit anderen Programmen.
Anna (8): Ich kann ganz viele Bilder malen. Und wenn sie mir nicht gefallen, kann ich sie ändern ohne Deckweiß oder Radiergummi. Ich kann sie auch speichern oder ausdrucken.
Florian (13): Für mich ist es wichtig, daß ich so viele Dinge damit machen kann: schreiben, malen, programmieren, Musik

machen, mit anderen per Modem Kontakt aufnehmen oder mir Informationen holen. Ich kann auch damit spielen, allein oder mit Freunden.

Paul (10): Zum Beispiel Simcity, das spiele ich unheimlich gern. Das könnte ich doch gar nicht spielen ohne Computer, diese vielen Sachen: Häuser, Straßen, Einkaufszentren kann ich doch gar nicht mit Klötzen oder Spielsteinen bauen und weiterentwickeln. Mit dem Computer geht das. Ich kann es entwerfen, verändern, kann es abspeichern und muß nichts wegräumen.

Svenja (9): Ich spiele gern Sportspiele, Skispringen oder Bobfahren zum Beispiel. Das kann ich ja in Wirklichkeit gar nicht. Ich glaube, ich würde auch nicht von so einer Schanze springen, ich hätte Angst, mich zu verletzen. Aber wenn der Skispringer auf dem Bildschirm mal stürzt, tut es keinem weh.

*Winter Challenge*

## Vom Rechner zum Spielzeug

Zu einem Spielzeug wurde der Computer erstmals 1972. Damals zog mit dem ersten Spiel *Pong* – einem elektronischen Tennis für zwei Spieler – der Computer in den Freizeitbereich ein. Für dieses Spiel, in dem ein viereckiger Punkt zwischen zwei rechteckigen Schlägern über den Bildschirm ruckelte, hätten Kinder heute nur noch ein mitleidiges Lächeln übrig.
Ihre Spiele sind unterdessen ganz andere. Ein aktuelles Beispiel: *Rebel Assault*, das derzeit beliebteste aller Computerspiele.
Das Spiel beginnt mit einem ausführlichen »Intro«, das heißt mit digitalen Originalszenen aus dem Film »Star Wars« – ähnlich beeindruckend wie die Anfangsszenen im Kino. Die Aufgabe des Spielers ist, das Imperium Darth Vaders (des »personifizierten Teufels«) zu zerstören, dafür muß er sich in fünf sogenannten Trainingslevels bewähren. Der Held (also der Spieler) saust im Cockpit des Weltraumjägers »X-Wing« durch enge Schluchten und Canyons und lernt, diese Maschine zu beherrschen. Zur Belohnung für jedes bestandene Level gibt es wieder eine Filmszene, danach wartet schon die nächste Aufgabe auf den Spieler. Später muß er sein erworbenes Können im Universum unter Beweis stellen. Die Grafik dieses Spiels verschafft dem Spieler dabei den Eindruck, tatsächlich im Cockpit des Weltraumjägers zu agieren.
In diesem Spiel vermischen sich verschiedene Spielegenres: Simulation, Action- und Ballerspiel. Die Genres sowie einzelne Spielebeschreibungen werden im nächsten Kapitel genauer erläutert.
Computerspiele gibt es nicht nur für den PC, sondern auch für eine Reihe spezieller Spielecomputer, etwa die tragbaren *Gameboys* oder verschiedene *Konsolen*, die an das Fernsehgerät angeschlossen werden können. Sie unterscheiden sich in einem wichtigen Punkt von den »richtigen« Computern: sie sind nicht multifunktional. Mit ihnen kann man eben nur eins tun, näm-

lich spielen. Wegen dieser sehr begrenzten Möglichkeiten haben wir sie in diesem Buch nicht berücksichtigt.

## Ein Arbeitsgerät wird zum Spielzeug

Mit der Entwicklung von der tonnenschweren, raumgroßen Rechenanlage zum handlichen Personalcomputer, der auch in einem privaten Arbeitszimmer Platz findet, entdeckten auch Kinder dieses Arbeitsmittel der Erwachsenen als Spielzeug und übernahmen es ganz selbstverständlich in ihren Alltag.
Den rasanten Einzug der neuen Medien in die Kinderzimmer betrachteten allerdings nicht nur viele Eltern mit Skepsis. Mit der zunehmenden Verbreitung von Film, Fernsehen und später Video bekam die Diskussion über Spiel und Freizeitvergnügen eine neue Dimension. Dabei ging es zunächst gar nicht um den pädagogischen Anspruch, sondern schlicht darum, die Kinder vor dem uneingeschränkten Zugriff der Medien zu schützen. Erst als nahezu in jedem Wohnzimmer eine »Glotze« stand, wurde der Ruf nach kindgerechten Sendeformen laut.
Ähnlich war es mit dem Computer. Als er sich auch in den Kinderzimmern breitmachte, wurden die Pädagogen aktiv, es wurde geforscht, untersucht, entwickelt und empfohlen. Eine ihrer ersten Fragen war: Was fasziniert Kinder eigentlich am Computerspiel? Jürgen Fritz von der Fachhochschule Köln hat gemeinsam mit seinem Team Schulklassen beim Spielen beobachtet, Interviews durchgeführt und in Kinder- und Jugendeinrichtungen mit den Kindern am Computer gespielt. Er schreibt: »Offensichtlich ist bei Kindern und Jugendlichen das alles Entscheidende der Spielerfolg – und damit die Kontrolle des Spiels. Alles andere ordnet sich dem unter.«[13]
Für Kinder ist es also wichtig zu spüren, wie leistungsfähig sie sind. Sie wollen das Spiel kontrollieren, im Spiel am Hebel der Macht sitzen. Das motiviert sie und weckt ihren Ehrgeiz. Die

Bestätigung, in dieser virtuellen Welt bestehen zu können, verschafft ihnen das Erfolgserlebnis im Spiel.

### Computerspiel und Wirklichkeit

Das kann ein anspruchsvolles Simulationsspiel sein wie *Simcity*, bei dem der Spieler kluge Entscheidungen treffen muß, will er als Bürgermeister von der Bevölkerung anerkannt und bewundert werden, oder auch ein einfaches Autorennen, bei dem der Spieler als erster durchs Ziel geht. Auch für Adventurespiele trifft es zu, wenn der Spieler endlich des Rätsels Lösung gefunden hat und als Held in die Geschichte eingehen kann. Selbst relativ stupide Ballerspiele verlangen noch Geschick, Konzentration und rasche Reaktionen, die zum Erfolg führen.
Beobachten Sie doch einfach einmal Kinder beim Spielen am Computer. Begeisterungsschreie, als hätten sie gerade den großen Preis gewonnen, Flüche, phantasievoller als in jedem Western, und eine enorme Anspannung und Konzentration kennzeichnen ihre Reaktionen. Von stupider Bildschirmglotzerei bei verarmender Emotionalität kann keine Rede sein. Im Gegenteil. Bei vielen Erwachsenen wünschte man sich, sie könnten noch so direkt und spontan ihre Gefühle ausdrücken. Sätze wie »Ich hab nur noch neun Leben« schrecken Erwachsene oft ab, weil sie Leben und Tod mit Realitäten verbinden. Das »Todspielen« aus der eigenen Kindheit haben sie längst vergessen oder verdrängt. Für die Kinder sind die »neun Leben« lediglich ein Ausdruck dafür, daß sie dieses Spiel verlieren werden, wenn sie noch entsprechend viele Fehler machen.
Erwachsene schreckt nicht nur diese Art der Verbalisierung, sie lehnen oft auch den Inhalt und die grafische Darstellung in den Spielen ab. Da wird geschossen, geschlagen, gekämpft, und am Schluß siegt der Stärkere. Viele Eltern fürchten, daß Kinder diese Verhaltensmuster auch im Alltag kopieren könnten, daß

keine Möglichkeiten mehr bleiben, differenzierte Auseinandersetzung, Verständnis, Rücksichtnahme und soziales Verhalten zu lernen. Tatsächlich steckt in vielen Spielen die Botschaft des Dschungels: »Der Stärkere (und zwar der an Waffen oder Körperkraft Stärkere) siegt.«

Nicht zu leugnen ist jedoch: Auch solche Spiele sind ein Abbild unserer (Erwachsenen-)Wirklichkeit. Wir alle, auch die Kinder, leben in einer Welt, in der Terror längst kein Fremdwort mehr ist, in der Asylsuchende kaltschnäuzig in Tod oder Folter zurückgeschickt werden, in der demokratische Staaten Waffen in Kriegsgebiete liefern, während sie scheinheilig Frieden predigen, in der Korruption, Lüge, Betrug, Egoismus an der Tagesordnung sind. Erwachsene regen sich über all das schon lange nicht mehr auf. Erschrocken und betroffen reagieren wir erst, wenn wir feststellen, daß unsere Kinder kämpferische Szenarien (selbst in stilisierter Form) am Bildschirm nachspielen.

Wir wollen an dieser Stelle keineswegs für die Einführung von Gewaltspielen ins Kinderzimmer plädieren, im Gegenteil, wir wollen lediglich versuchen, die Dimensionen ein wenig zurechtzurücken, und dazu anregen, daß beides – die Realität und die Fiktion – zum Gesprächsthema zwischen Kindern und Eltern gemacht wird.

Für unseren ältesten Sohn zum Beispiel gab es noch ein striktes Verbot für Spielzeugwaffen. Lange durfte er im Fernsehen lediglich »Sesamstraße« und die »Sendung mit der Maus« sehen. Natürlich hat er dennoch mit seinen Freunden »Kämpfen« gespielt. Die Waffen wurden aus Legosteinen gebaut, aus Holz zurechtgeschnitzt, manchmal diente auch ein angebissenes Butterbrot als ›Knarre‹. Auch die jüngeren Geschwister bekamen von uns keine Spielzeugwaffen. Wenn sie denn eine haben wollten, mußten sie in die eigene Tasche greifen. Sehr häufig haben sie ihr Geld dafür nicht ausgegeben.

Das Verbot hatte sich also mit der Zeit etwas gelockert, die Kinder hatten uns überzeugen können, daß sie sich mit diesen Spielen nicht auf eine militärische und/oder kriminelle Zukunft vorbereiten, daß sie keineswegs der Meinung sind, ein Menschenleben zähle nichts, sondern daß es lediglich ein Spiel ist, in dem es um Wetteifern, Rivalitäten, Spannung, Gewinnen und Verlieren geht. Über Computerspiele, die sie sich kaufen, ausleihen oder von Freunden beschaffen, reden wir in der Familie. Sie haben uns gezeigt, daß sie sehr wohl in der Lage sind, zwischen Wirklichkeit und Spiel zu unterscheiden. Die Auseinandersetzung mit diesem Medium ist für sie genauso selbstverständlich, wie sie anderen, gesellschaftlich oft weit weniger verteufelten Einflüssen begegnen: dem Fernsehen, Zeitschriften oder politischen Aussagen. Warum sollten sie diese kritische Haltung bei Computerspielen plötzlich ablegen? Nicht zuletzt wird dies auch dadurch verhindert, daß wir die Inhalte von Spielen in der Familie immer wieder zum Thema machen, weil wir der Ansicht sind, daß die Auseinandersetzung mit dem eigenen Handeln auf allen Ebenen wichtig ist.

### Nur eine Beschäftigung von vielen

Für eine solche Auseinandersetzung ist die Kompetenz in der Sache, also am Computer und im kritisierten Spiel, eine wichtige Voraussetzung. Leider zieht die neue Technologie mit ihren Möglichkeiten meist ganz direkt ins Kinderzimmer ein, an vielen Erwachsenen vorbei, die sich nicht oder kaum damit auskennen. Während die Kinder meist überhaupt keine Schwierigkeiten haben, sich Fähigkeiten und Fertigkeiten für immer kompliziertere Geräte und Spiele anzueignen, stehen viele Erwachsene nur kopfschüttelnd hinter ihren spielenden Kindern. Sie können oft kaum verstehen, daß es interessant, sogar lustig sein soll und etwas mit sportlichem Ehrgeiz zu tun hat, wenn Freunde am Bildschirm gegeneinander kämpfen. Sie glauben, daß die Kinder die schlichten Botschaften dieser Ballerspiele stets übernehmen, ohne sie in Frage zu stellen. Wir haben dagegen die Erfahrung gemacht, daß dumpfe Ballerspiele, und seien sie grafisch noch so interessant aufgemacht, schnell ihre Faszination verlieren, da sie nur beschränkte Handlungsmöglichkeiten bieten. Sie landen über kurz oder lang in der Diskettenablage, während andere, nämlich Sportspiele, Simulations- oder Rollenspiele immer wieder eine Renaissance erleben, beziehungsweise nicht von der Festplatte gelöscht werden.

Der Bielefelder Pädagoge Johannes Fromme, der sich seit einiger Zeit mit dem Phänomen Computerspiele auseinandersetzt, erklärte im März 1995 im Südwestfunk: »Wenn man ein bißchen von der Lerntheorie ausgeht, dann ist es ja so, daß nicht alles, was vermittelt wird, genau so bei den Kindern ankommt. Sie lernen zum Teil etwas ganz anderes oder auch gegen die Botschaft oder trotz eines schlechten Curriculums noch etwas. Die Kinder haben eine sehr starke eigene Rolle beim Lernen, sie sind nicht nur einfach ein leeres Blatt Papier, das von den Pädagogen beschrieben wird oder von den Umständen, sondern sie schreiben auch mit, und je älter sie werden, desto aktiver werden sie.«

Den Vorwurf, daß Kinder am Computer vereinsamen, daß sie soziale Kontakte lösen und zu kommunikationslosen Wesen verkümmern, hört man nicht selten. Die düsteren Prophezeiungen des Medienforschers Neil Postman schwappen immer mal wieder über den großen Teich in die Köpfe besorgter Eltern und Pädagogen. Beweise für die Vereinsamungsthese gibt es allerdings nicht.

Zum Glück erleben viele Eltern, daß die Suppe selten so heiß gegessen wird, wie sie gekocht wurde. Die Kinder werden nicht urplötzlich zu Computerfreaks und kommen dann nicht mehr vom Gerät los, sondern nutzen den Computer in der Regel so wie viele andere Angebote und Spielmöglichkeiten auch: mal mehr, mal weniger, je nach augenblicklichem Interesse. Das Spielen am Computer bleibt für die meisten Kinder eine Beschäftigung von vielen. Natürlich gibt es auch einzelne andere Erfahrungen, sie sind aber keineswegs die Regel und längst nicht so häufig, wie manche schockierenden Schlagzeilen uns das weismachen wollen.

Kinder spielen gern gemeinsam mit anderen am Computer, viele finden es weitaus spannender, bei einem »Adventure« zu zweit, zu dritt oder gar mit noch mehr Freunden zu kooperieren. Es gibt regelrechte Familien- oder Freundeskreise, die gemeinsam am Computer spielen. Freunde kaufen sich zusammen ein Computerspiel, statt gemeinsam ins Kino oder auf die Kirmes zu gehen. Der Preis ist ungefähr derselbe.

Und last but not least: neue und zukunftsträchtige Kommunikationsformen sind nur mittels des Computers möglich. Die nach Meinung aller Experten wichtigste Veränderung im Bereich der Softwarehersteller war 1995 der Kauf von *Lotus* durch *IBM*. Dieser Erwerb durch »Big Blue« wurde deshalb so hoch bewertet, weil *Lotus* mit *Lotus Notes* über eine Anwendung verfügt, mit der unabhängig vom jeweiligen Computer- oder Betriebssystem auf allen vernetzten oder verbundenen Rechnern Datenbestände aktuell geführt und genutzt werden können: eine schier grenzenlose Kommunikationsplattform. Aber es muß nicht gleich der globale Austausch innerhalb oder zwischen Organisationen und Konzernen sein. Kommunikationsmöglichkeiten mittels PC sind für jedermann möglich, sofern ein Telefonanschluß und ein Modem vorhanden sind. Mit diesen Hilfsmitteln kann der direkte Kontakt zu den Computern im Freundeskreis oder der Schule hergestellt oder via Mailbox oder Online-Diensten der Informationsaustausch über sogenannte Bretter organisiert werden. Zunächst zwar keine Kommunikation von Angesicht zu Angesicht, aber mit unendlich vielen Überraschungen und Entfaltungsmöglichkeiten.

Eine interessante Erfahrung haben wir in unserer Familie gemacht, und auch Freunde haben ähnliches berichtet: Der Computer schlägt nicht selten eine Brücke über die vielbeklagte Distanz zwischen Vätern und Kindern. Er wird zum ganz konkreten gemeinsamen Gesprächsgegenstand, zum gemeinsamen Hobby – und nicht nur das: durch ihren unvoreingenommenen Zugang zum Computer verschaffen viele Kinder sich Kompetenzen, die es ihnen ermöglichen, auf fachlich gleicher Ebene mit den Erwachsenen zu kommunizieren, gelegentlich sind sie den Eltern sogar um einiges voraus. Und das ist dem gleichberechtigten Zusammenleben sehr förderlich. In Ansätzen gelingt es mit Hilfe des Computers, die Trennungslinie zwischen den Generationen in der Kleinfamilie wieder zu durchbrechen. Joscha beschreibt die verschiedenen Computerkompetenzen in unserer Familie so: »Ich kenne mich schon besser am Computer aus als meine Mutter, weil ich zum Beispiel programmieren kann oder Konfigurationen ändern oder eben mal eine Soundkarte einbauen kann. Aber mein Vater arbeitet schon länger mit dem Computer und hat eben mehr Erfahrung und Wissen. In manchen Sachen weiß ich trotzdem mehr, also in Dingen, die mich einfach stärker interessieren als ihn. Wir machen das so: Wenn ich ein Problem habe, dann hilft er mir, und wenn er ein Problem hat, dann versuche ich, ihm zu helfen.«

### Und was machen die Mädchen?

Es scheint vielfach, als sei der Computer vor allem eine Domäne der Jungen. Während noch genauso viele Mädchen wie Jungen zum Gameboy greifen, sitzen vor den Computerspielen fast ausschließlich Jungen. Das liegt zum Teil einfach an den Spielen, dessen Helden männlich sind. Es gibt nur wenige Spiele, die sich speziell an Mädchen richten. Mädchen, zumindest die, die wir kennen, bevorzugen andere Computerspiele als die Jungen. Sie begeistern sich eher für die etwas lustigen Jump-and-run-Spiele, Autofahrspiele, Geschicklichkeitsspiele am Flipper und weniger für die kampforientierten Actionspiele. In den Familien, die wir besucht haben, waren es eindeutig die Jungen, die mehr Interesse am Computer hatten. Und auch unsere Söhne beschäftigen sich häufiger mit dem Computer als unsere Tochter. Dafür nutzt sie ihn aber leichthändiger für ihre Zwecke und läßt sich dabei auch durch Mißerfolge nicht beeindrucken. Eher läßt sie den Computer links liegen. Und was macht sie mit dem PC?

Nora: »Ich schreibe ganz gern mit *Creative writer* Geschichten oder Einladungskarten oder auch einmal etwas für meine Oma. Dann spiele ich gern *Bundesliga Hattric Manager,* da kann ich eben die verschiedenen Fußballvereine managen und ihnen zum Sieg verhelfen – oder zur Niederlage. Ich spiele halt in Wirklichkeit auch gern Fußball und habe auch einen Favoriten bei der Bundesliga. Dann spiele ich am Computer noch gern *The Games,* das ist ein Spiel, da kann ich Skispringen, Bobfahren oder Skilaufen. Zur Zeit spiele ich am allerliebsten Simcity 2000. Es macht mir einfach Spaß, selbst eine ganze Stadt zu bauen mit Häusern, Straßen, Schulen, Krankenhäusern, Parks und Seen. Ganz toll finde ich es dann, wenn in die Häuser, die ich gebaut habe, auch Leute einziehen. Zwischendurch spiele ich Geschicklichkeitsspiele wie *Gobman* oder *Flipper*. Dann spiele ich auch immer mal wieder *Solitär,* dieses Kartenspiel, das es bei *Windows* gibt.«

Werden die Computer in der Schule eingesetzt, ist es mit dem Vorsprung der Jungen nicht mehr weit her. Die Untersuchungen der Universität Oldenburg sind ein Beleg dafür (siehe das Kapitel »Computer und Schule«). Im Evangelisch Stiftischen Gymnasium in Gütersloh fanden wir eine interessante Information: Am Schwarzen Brett wurden die Ergebnisse eines Programmierwettbewerbs, ausgeschrieben von einer Firma für technische Lehrmittel, bekanntgegeben. Gesiegt hatten zwei Mädchen.

So wie es zwischen Mädchen und Jungen unterschiedliche Interessen am Computer gibt, sind Vorlieben auch altersabhängig. In der Phase zwischen Kindheit und Erwachsenenleben suchen Jungen erfahrungsgemäß vor allem solche Spiele, in denen sie sich messen können. Und das sind nun einmal Kampfspiele, die im Grunde genommen ihre Lebenssituation widerspiegeln, nämlich die rivalisierenden Auseinandersetzungen in der Klasse, im Familienverband gegen ältere und jüngere Geschwister und mit den Eltern. Am Bildschirm können die Kinder sich in eine starke Rolle versetzen und bewähren. Ein kampforientiertes Computerspiel im Kinderzimmer sollte daher nicht gleich zum Familienstreit führen, allerdings sollte jeder offen sagen, was er davon hält. Indizierte Spiele, Spiele mit rassistischem und sexistischem Inhalt jedoch gehören selbstverständlich nicht auf den heimischen PC.

# Spreu und Weizen – aber wer trennt?

## Computerspiele unter der Lupe

### Im Dschungel des Angebots

Der Markt für Computerspiele ist riesig geworden, etwa zehntausend Produkte sind 1995 im Angebot. Die Softwareindustrie erwartet weitere immense Umsatzsteigerungen in den nächsten Jahren: von derzeit 700 Millionen Mark auf 5 Milliarden Mark um die Jahrtausendwende. Hinter den Spielen steckt also zunächst einmal ein simples kommerzielles Interesse: sie sollen möglichst viel Gewinn bringen. Schließlich sind die Entwicklung und Herstellung enorm teuer. Die Kosten der amerikanischen Produktionen, die mittlerweile auch längere Filmszenen mit Hollywoodstars enthalten, übersteigen ohne weiteres die Millionengrenze.

Für den Laien tut sich somit ein wahrer Dschungel an Spieleangeboten auf und er sucht nach der Machete, um sich einen Pfad zu schlagen, das heißt nach Informationen, mit denen ihm wenigstens ein bescheidener Einblick gelingt. Das ist allerdings schwierig. Zwar gibt es eine Vielzahl von Computerspielezeitschriften, in denen Kinder und Jugendliche nach Informationen über die neuesten Spiele und Trends suchen. Sie finden dort Tips, wie sie in ihren Spielen zum Erfolg kommen können. Es werden sogenannte Spiele-Codes und Ratschläge veröffentlicht und die neuesten Spiele angepriesen. Diese Magazine jedoch entsprechen in ihrer Aufmachung und sprachlichen Kompetenz nicht gerade den Erwartungen interessierter Eltern, zumal wenn sie in diesem Bereich ungeübt sind, denn was soll man mit Aussagen wie dieser schon anfangen:

»Auch die Risikobereitschaft der einzelnen Kommandanten ist einstellbar, wobei der wahre Feldherr seinen Mannen natürlich mit gutem Beispiel an die Front voranrattert. Zu sehen sind die seit ›Comanche‹ berühmten Voxel Space-Umgebungen in bestem 3D aus dem Cockpit seines Panzers heraus: Da wird die Landschaft plattgewalzt oder mit Rauchgranaten eingenebelt, und selbstverständlich bekommt man jede Menge Explosionen zu Gesicht. Allerdings ist die Grafik langsamer, als sie es beim Vorgänger war, das HUD flackert, und die Pixels treten in Bodennähe nun mal sehr viel deutlicher zutage, als das seinerzeit aus einer gewissen Flughöhe der Fall war.« (PC Joker 12/94)

Was aber sind gute Spiele, und wo erhalten Kinder und Eltern qualifizierte Informationen?
Auf dem Markt derjenigen, die empfehlen, tummeln sich nicht nur die Zeitschriften, die in erster Linie den Umsatz anheizen sollen. Auch von anderer Seite kommen mittlerweile Empfehlungen oder Warnungen. Die *Bundeszentrale für politische Bildung* zum Beispiel gibt seit 1992 einen Informationsdienst *Computerspiele auf dem Prüfstand* heraus. Diese Informationen erscheinen mehrmals pro Jahr und können kostenlos bezogen werden. Auch eine Datenbank – *Search & Play* – in der Kinder, Jugendliche und Pädagogen Computerspiele beurteilt haben, kann bei der Bundeszentrale angefordert werden. Das Interessante daran: die Datenbank läßt sich durch eigene Beiträge erweitern! Unterdessen sind die Spielebeurteilungen von *Search & Play* auch über verschiedene Mailboxen abrufbar.
Das Jugendamt der Stadt Köln hat eine Broschüre *Computer- und Videospiele – pädagogisch beurteilt* zusammengestellt. Jugend- oder Medienbeauftragte vieler anderer Städte veröffentlichen ähnliche Informationsdienste.

*Search and play*

## Wer kontrolliert Computerspiele?

Spätestens seit der heftigen Diskussion um das inzwischen indizierte Computerspiel *Doom* stellt sich die Frage: Wer kontrolliert eigentlich Computerspiele, bevor sie auf den Markt kommen? Die Antwort bis vor kurzem: niemand. Die Freiwilligenselbstkontrolle der Filmwirtschaft, kurz *FSK*, die für die Altersbegrenzung von Kinofilmen zuständig ist, hatte sich zunächst mit dem Gedanken getragen, auch Computerspiele zu bewerten und altersbezogen freizugeben. Doch während die FSK noch überlegte, handelte der Verband der Unterhaltungssoftware und rief Ende 1994 kurzerhand die *USK* ins Leben, die Unterhaltungssoftware-Selbstkontrolle mit Sitz in Berlin, unterstützt vom dortigen Senat. Einmal gegründet, wurde nicht lange gezögert. Von November 1994 bis Februar 1995 hat die

USK mehr als dreihundert Spiele kontrolliert, bewertet und schließlich mit einem gelben Label und einer entsprechenden Altersempfehlung versehen. Für die Mitglieder des Verbandes ist diese Empfehlung bei jedem neu veröffentlichten Spiel unabdingbar. Möglicherweise wollte der Verband der Unterhaltungssoftware mit dieser Initiative einer Prüfung durch die FSK zuvorkommen. Klar, daß es dem Verband auch um den Jugendschutz geht, im Hinterkopf fürchtete man allerdings wohl vor allem um den guten Ruf der Branche.

Der Preis für anspruchsvolle Computerspiele liegt derzeit bei etwa hundert Mark, eine Ausgabe, die sich im Familienbudget durchaus bemerkbar macht. Das wissen auch die Hersteller und Händler. Würden sie, wie die Videobranche, in die »Schmuddelecke« gedrängt, hätte das verheerende Auswirkungen auf die Umsätze der Branche. Also haben auch Hersteller und Händler ein immenses Interesse an sogenannter familienverträglicher Software, Programmen also, die familiengeeignet sind und auf dumpfe Gewaltszenen verzichten. Was aber andererseits nicht unbedingt heißen muß, daß dieses alles besonders gute oder gar anspruchsvolle Programme seien. Davon gibt es unserer Meinung nach nicht allzu viele. Wir möchten uns aber nicht anmaßen, darüber zu urteilen, welche Auswirkungen anspruchslose oder auch langweilige Programme auf die Benutzer haben. Und: Wir sehen Fortschritte. Gerade im Edutainment- und Infotainmentangebot gibt es inzwischen interessante Entwicklungen, Angebote also, die unserer Meinung nach tatsächlich familiengeeignet sind, weil sie entsprechend viel und auch Interessantes bieten.

Gerade Familien, die es sich leisten können, einen voll ausgestatteten Computer – oder gar zwei – zu kaufen, achten bei dem, was an Programmen dazukommt, meistens auf Qualität. Ballerspiele und Spiele, die den Krieg verherrlichen, haben bei diesen Kunden wenig Chancen. Da heißt es für die Branche, die Kunden – und das sind Familien – mit Qualität zu bedienen.

## Der Jugendschutz

Die *Bundesprüfstelle für jugendgefährdende Schriften* hat bislang mehr als zweihundert Computerspiele indiziert. Hier sind die Kriterien festgelegt: Die Behörde greift bei gewaltverherrlichenden, rassistischen oder sexistischen Inhalten ein, allerdings nur auf Antrag eines Jugendamtes oder des Bundesfamilienministeriums. Ein *indiziertes* Spiel darf Kindern und Jugendlichen unter achtzehn Jahren nicht angeboten oder überlassen werden, und öffentliche Werbung ist untersagt. (Siehe auch Kasten: Gesetz über die Verbreitung jugendgefährdender Schriften). Ein *beschlagnahmtes* Spiel hingegen darf überhaupt nicht mehr verkauft werden. Das Spiel darf über keine Ladentheke mehr gehen, auch nicht an Erwachsene. Die Bundesprüfstelle veröffentlicht allmonatlich eine Liste der indizierten und beschlagnahmten Spiele. Die Liste kann dort angefordert werden.

---

### Gesetz über die Verbreitung jugendgefährdender Schriften

vom 9. Juni 1953 (BGBl. I S. 377) in der Fassung vom 6. Dezember 1984 zuletzt geändert durch das Gesetz zur Neuregelung des Jugendschutzes in der Öffentlichkeit vom 25. Februar 1985 (BGBl. I S. 425)

Zum Schutz der heranwachsenden Jugend werden die im Grundgesetz Artikel 5 Abs. 1 genannten Grundrechte folgenden Beschränkungen unterworfen:

ERSTER ABSCHNITT
Jugendgefährdende Schriften

**§ 1 [Begriff der jugendgefährdenden Schriften].**
(1) Schriften, die geeignet sind, Kinder oder Jugendliche sittlich zu gefährden, sind in eine Liste aufzunehmen. Dazu zählen vor allem unsittliche, verrohend wirkende, zu Gewalttätigkeit, Verbrechen oder Rassenhaß anreizende sowie Krieg verherrlichende Schriften. Die Aufnahme ist bekanntzumachen.
(2) Eine Schrift darf nicht in die Liste aufgenommen werden

1. allein wegen ihres politischen, sozialen, religiösen oder weltanschaulichen Inhalts;
2. wenn sie der Kunst oder der Wissenschaft, der Forschung oder der Lehre dient;
3. wenn sie im öffentlichen Interesse liegt, es sei denn, daß die Art der Darstellung zu beanstanden ist.

(3) Den Schriften stehen Ton- und Bildträger, Abbildungen und andere Darstellungen gleich.
(4) Kind im Sinne des Gesetzes ist, wer noch nicht vierzehn, Jugendlicher, wer vierzehn, aber noch nicht achtzehn Jahre alt ist.

§ 2 [Fälle geringerer Bedeutung].
In Fällen von geringerer Bedeutung kann davon abgesehen werden, die Schrift in die Liste aufzunehmen.

§ 3 [Verbot des Anbietens, Überlassens oder sonst Zugänglichmachens].
(1) Eine Schrift, deren Aufnahme in die Liste bekanntgemacht ist, darf nicht
1. einem Kind oder Jugendlichen angeboten, überlassen oder zugänglich gemacht werden,
2. an einem Ort, der Kindern oder Jugendlichen zugänglich ist oder von ihnen eingesehen werden kann, ausgestellt, angeschlagen, vorgeführt oder sonst zugänglich gemacht werden,
3. im Wege gewerblicher Vermietung oder vergleichbarer gewerblicher Gewährung des Gebrauchs, ausgenommen in Ladengeschäften, die Kindern und Jugendlichen nicht zugänglich sind und von ihnen nicht eingesehen werden können, einem anderen angeboten oder überlassen werden.

(2) Absatz 1 Nr. 3 gilt nicht, wenn die Handlung im Geschäftsverkehr mit gewerblichen Entleihern erfolgt.

§ 4 [Verbreitungsverbot außerhalb von Geschäftsräumen].
(1) Eine Schrift, deren Aufnahme in die Liste bekanntgemacht ist, darf nicht
1. im Einzelhandel außerhalb von Geschäftsräumen,
2. in Kiosken oder anderen Verkaufsstellen, die der Kunde nicht zu betreten pflegt,
3. im Versandhandel oder
4. in gewerblichen Leihbüchereien oder Lesezirkeln vertrieben, verbreitet oder verliehen oder zu diesen Zwecken vorrätig gehalten werden.

(2) Verleger und Zwischenhändler dürfen eine solche Schrift nicht an Personen liefern, soweit diese einen Handel nach Absatz 1 Nr. 1 betreiben oder Inhaber von Betrieben der in Absatz 1 Nr. 2 bis 4 bezeichneten Art sind. Soweit die Lieferung erfolgen darf, haben Verleger, Zwischenhändler und Personen, die Schriften in den räumlichen Geltungsbereich dieses Gesetzes einführen, ihre Abnehmer auf die Vertriebsbeschränkungen hinzuweisen.

(3) Eine Schrift, deren Aufnahme in die Liste bekanntgemacht ist, darf nicht im Wege des Versandhandels in den räumlichen Geltungsbereich dieses Gesetzes eingeführt werden.

> § 5 [Werbeverbot].
> (1) Bei geschäftlicher Werbung darf nicht darauf hingewiesen werden, daß ein Verfahren zur Aufnahme einer Schrift in die Liste anhängig ist oder gewesen ist.
> (2) Eine Schrift, deren Aufnahme in die Liste bekanntgemacht ist, darf nicht öffentlich oder durch Verbreitung von Schriften angeboten, angekündigt oder angepriesen werden.
> (3) Absatz 2 gilt nicht für den Geschäftsverkehr mit dem einschlägigen Handel sowie für Handlungen an Orten, die Kindern oder Jugendlichen nicht zugänglich sind und von ihnen nicht eingesehen werden können.
>
> § 6 [Offensichtlich sittlich schwer jugendgefährdende Medien].
> Den Beschränkungen der §§ 3 bis 5 unterliegen, ohne daß es einer Aufnahme in die Liste und einer Bekanntmachung bedarf,
> 1. Schriften, die zum Rassenhaß aufstacheln oder die grausame oder sonst unmenschliche Gewalttätigkeiten gegen Menschen in einer Art schildern, die eine Verherrlichung oder Verharmlosung solcher Gewalttätigkeiten ausdrückt oder die das Grausame oder Unmenschliche des Vorganges in einer die Menschenwürde verletzenden Weise darstellt (§ 131 des Strafgesetzbuches),
> 2. pornographische Schriften (§ 184 des Strafgesetzbuches),
> 3. sonstige Schriften, die offensichtlich geeignet sind, Kinder oder Jugendliche sittlich schwer zu gefährden.
>
> § 7 [Vorausindizierung periodischer Druckschriften].
> Eine periodische Druckschrift kann auf die Dauer von drei bis zwölf Monaten in die Liste aufgenommen werden, wenn innerhalb von zwölf Monaten mehr als zwei ihrer Nummern in die Liste aufgenommen worden sind. Dies gilt nicht für Tageszeitungen und politische Zeitschriften.

*Doom*, ein Spiel, das schon reichlich Gewinn eingebracht hatte, bevor es von der Bundesprüfstelle indiziert wurde, bekam trotz Verbot sogleich einen Nachfolger: *Doom II*, dessen Indizierung wiederum nicht lange auf sich warten ließ. Wer bislang nicht wußte, was diese Spiele beinhalten, kann sich nach dem folgenden Zitat aus der Begründung der Bundesprüfstelle sicherlich ein Bild davon machen:
»Doom II setzt mit einer spekulativen, effektheischenden Auf-

bereitung blutiger Gemetzelszenen im wesentlichen auf ein beim potentiellen Nutzer vermutetes voyeuristisches bzw. sadistisches Interesse. Da sich der Spieler im stetigen Kampf um das eigene Überleben befindet, wird er gefühlsmäßig intensiv in das Spielgeschehen einbezogen. Die Art der Steuerung verlangt stetige Konzentration, schnelle und zuverlässige Reizaufnahme, sowie mittelmäßige bis hohe Leistungen im Bereich der Feinmotorik. Eine kritische, kognitive Bewertung des aggressiven Spielinhaltes und -kontextes ist dem Spieler aufgrund einer derart hohen psycho-physischen Beanspruchung nicht möglich. Das Töten wird, der hohen Leistungsmotivation insbesondere männlicher Heranwachsender entgegenkommend, spielerisch eingeübt und zum sportlichen Vergnügen verniedlicht. Doch sah das Entscheidungsgremium der Bundesprüfstelle die jugendgefährdende Wirkung der verfahrensgegenständlichen Objekte weniger in der Möglichkeit, Heranwachsende könnten das Gespielte und im Spiel gefühlsmäßig intensiv Miterlebte in der alltäglichen Lebenswelt umsetzen. Die jugendgefährdende Wirkung der Computerspiele ist vielmehr darin zu sehen, daß der Programmablauf die Spieler ausschließlich zu einem reflexartig ausgeführten, instinktiven ›Abschießen‹ und zum ›Zerstückeln‹ der gegnerischen Figuren auffordert. Hier werden Verhaltensweisen trainiert, die die körperliche Integrität und Unversehrtheit anderer negieren. Hemmschwellen, die jeder Tötungs- und Verletzungshandlung entgegenstehen, werden auf diese Weise abgebaut.«
An dieser Stelle kommen wir nicht umhin, noch einmal auf die Spielezeitschriften einzugehen. Dort wurde *Doom II* unter anderem mit folgenden Worten gelobt:
»Grundsätzlich gilt: Sobald sich etwas bewegt, richten Sie blitzschnell ein Gewehr, den Raketenwerfer oder was auch immer auf den meist sehr zornigen Angreifer. Dann bearbeiten Sie solange Ihre Tastatur, die Maus oder den Joystick, bis aus dem Lautsprecher ein herzhaftes ›Aaaaahhh!‹ gellt und sich auf dem

Fußboden eine Blutlache ausbreitet! ... Kampferprobte Veteranen werden sich bei Doom II sofort heimisch fühlen...«
(*PC Games* 12/94)
Noch krasser fällt die unterschiedliche Beurteilung bei dem Spiel *Mortal Kombat* aus, das durch die BPS sogar bundesweit beschlagnahmt wurde. In der »Fachpresse« wurde das Spiel so angekündigt:
»Wahrscheinlich das beste Beat'em Up auf dem PC. Mortal Kombat hat alles: Spaß, Action und natürlich auch die obligatorischen Spezialschnitte... Du siehst wahrscheinlich auch die Köpfe der Programmierer herumliegen.« (*PC Games* 7/94)
Dagegen die Begründung der BPS: »Das Videospiel ›Mortal Kombat‹ schildert grausame Gewalttätigkeit gegen Menschen in einer die Menschenwürde verletzenden Weise: das wird besonders deutlich an den Stellen, an denen das Computerprogramm dem Spieler durch Schrift und durch eine digitalisierte Computerstimme mit den Worten ›finish him‹ nahelegt, den bereits wehrlosen Gegner zu töten und ihm hierbei entweder das Herz herauszureißen, so daß dieses anschließend noch pulsierend und blutend in der gestreckten Hand präsentiert wird, oder dem Gegner den Kopf abzureißen, an welchem sich noch die Wirbelsäule befindet, oder den Gegner von einer Brücke herunterzuwerfen, so daß er in auf dem Boden befestigte Messer fällt und dort aufgespießt liegen bleibt.
Insbesondere diese Szenen, jedoch auch das gesamte Computerspiel setzen bei dem Benutzer eine bejahende Anteilnahme an den auf dem Bildschirm vorgeführten Gewalttätigkeiten gegen Menschen voraus und fördern diese.«

### Was steckt in der Hochglanzverpackung?

Unangenehme oder gar böse Überraschungen vor dem heimischen Bildschirm würde es nicht geben, könnten sich die Käufer schon vor dem Kauf ein klares Bild von den Produkten machen. Das Problem beginnt jedoch bereits bei der Verpakkung. Aufwendig, bunt und lockend aufgemacht, bieten die Cover der Spiele so gut wie keine Informationen über deren Qualität. Jedes Buch kann vor dem Kauf angelesen werden, Gesellschaftsspiele werden in den Fachgeschäften erklärt und demonstriert – nur bei Computerspielen, für die zudem stolze Preise gefordert werden, soll der Kunde möglichst die Katze im Sack kaufen. Der Buchhandel, der zumindest im Edutainment- und Infotainment-Bereich immer stärker in das Softwaregeschäft einsteigt, kennt immerhin die Ansprüche seiner Kunden – möglicherweise wird an dieser Stelle ein Umdenken in Richtung Kundenfreundlichkeit einsetzen, indem mehr Händler einen PC zum Ausprobieren im Laden installieren und die Anbieter entsprechend Ansichtsexemplare zur Verfügung stellen.

Inzwischen entdecken auch allgemeine Wochen-, Tages- oder Fernsehzeitungen das Interesse ihrer Leser an Informationen über Familienprogramme für den Computer und rezensieren mehr oder minder regelmäßig die neuesten Angebote. Allerdings liegt deren Schwerpunkt noch immer bei den Programmen für Erwachsene, während Softwareprogramme für Kinder eher stiefmütterlich behandelt werden.
Auch die Schule sollte sich nicht zu schade sein, den Bereich Computerspiele, Edutainment oder Infotainment zu thematisieren. Hier wird über Literatur gesprochen, über Kunst, Musik, Theater und Film, warum nicht auch über Computerprogramme? In Amerika jedenfalls werden längst auch Computerspiele zum Thema im Unterricht. Software wird in der Schule begutachtet, und Kinder und Eltern können sich ein Bild von Qualität und Anspruch der Programme machen.
Bei Kauf und Aufbau der elektrischen Eisenbahn, bei der Auswahl von Legosteinen, Puppen oder Gesellschaftsspielen wurde immer gern Rat und Hilfe von Müttern und Vätern ein-

gefordert. Eltern hatten also Kompetenzen, was die Auswahl von Spielzeug betraf. Die sollten sie sich unbedingt auch für die neuen Technologien erarbeiten. Nur wer weiß, worum es dabei geht, kann sich mit seinen Kindern darüber auseinandersetzen. Kritik kommt nur dann an, wenn sie auch kompetent ist. Das ist keineswegs eine neue Erkenntnis. Mit pauschalen Verboten läßt sich ein Zusammenleben von Kindern und Erwachsenen ohnehin schlecht gestalten, Unkenntnis ist eine schlechte Voraussetzung. Wenn Eltern weder wissen, was ihre Kinder eigentlich an den Computer treibt, noch, was sie dort treiben, sind Lamentos oder gar Verbote meist wirkungslos oder sogar kontraproduktiv. Besser ist allemal eine gemeinsame Basis von Kindern und Eltern für den Umgang mit dem Computer. Mit anderen Worten: Auch am Computer können Eltern und Kinder gemeinsam spielen und lernen, wobei sich gelegentlich das Verhältnis umkehrt und die Eltern die Fragenden und die Kinder die Fachleute sind. Auf diese Weise läßt sich mit Hilfe des Computers sogar ein Stück Gleichberechtigung zwischen Kindern und Erwachsenen in der Familie herstellen. Und das wäre ja nicht das Schlechteste.

### ... und immer wieder Frust

Um es gleich vorwegzunehmen: Es gibt jede Menge schlechte oder unbrauchbare Software, im Spiel-, im Lern- und auch im allgemeinen Anwenderbereich – und es gibt immer wieder Ärger am Computer. Läßt man sich auf den Computer ein, braucht man viel Toleranz, denn Enttäuschungen und Frustrationserlebnisse gehören zu dieser Technik wie die Gräten zum Fisch. Die Stunden, die vor dem Computer verbracht werden, um ein Spiel endlich »zum Laufen zu bringen« oder um die ständigen Abbrüche zu verhindern, um neu zu installieren, um nach plötzlich verschwundenen Programmen zu suchen oder gar einen ›Virus‹ zu orten und unschädlich zu machen, summieren sich zu beträchtlichen Zeitspannen. Ein Trost mag sein, daß solche Aktivitäten letztendlich, sofern man durchhält, zu immer weitergehender Kompetenz und Sicherheit im Umgang mit dieser Technologie führen.

Und: Die positiven Seiten des Computers scheinen all diesen Ärger aufzuwiegen, das Erfolgserlebnis macht vergeßlich, sonst hätte sich der Computer in unserem Alltag nicht so breit gemacht. Bei unserem Versuch, die guten wie die weniger guten Seiten zusammenzutragen, bestehen wir nicht auf Vollständigkeit, denn die Computertechnologie entwickelt sich so schnell, daß es einem fast den Atem raubt. Und gerade diese Geschwindigkeit ist auch ein entscheidender Grund für die vielen Fehlschläge, die die »user« immer wieder erleben. Denn das Wenigste ist wirklich ausgereift, wenn es auf den Markt kommt.

Immer wieder wird beispielsweise über die Problematik von Computerspielen berichtet und gestritten. Tatsächlich gibt es dabei eine Reihe ganz unterschiedlicher Probleme. Zum einen gibt es viele Spiele, die billig und schlecht gemacht sind. Schnell zusammengeschustert, verfügen sie weder über einen akzeptablen Inhalt noch über eine auch nur halbwegs ansprechende Grafik. Programmierfehler, sogenannte *bugs*, führen entweder dazu, daß das Spiel abbricht, kein Ausstieg mehr möglich ist oder der Computer ›hängenbleibt‹. Das sind Spiele, über die man sich leider immer wieder ärgern muß.

Zu einer anderen, aber nicht minder ärgerlichen Kategorie gehören Spiele, in denen Gewalt verherrlicht wird, in denen ausschließlich kriegerische Aufgaben zu erledigen sind, zum Beispiel auch solche, in denen Originalkämpfe aus verschiedenen Kriegen, etwa aus dem Zweiten Weltkrieg, nach›gespielt‹ werden können. Es geht zum Beispiel darum, als deutscher Kommandant eines U-Bootes im Zweiten Weltkrieg feindliche Schiffe zu vernichten, um wenigstens auf virtuelle Art und Weise doch noch den »Endsieg« zu erringen.

Das Angebot umfaßt außerdem auch sexistische und rassistische Spiele, die meist auf dem illegalen Markt gehandelt werden. Dort werden sie entweder unter der Hand verkauft oder über dubiose Versandhändler vertrieben. Das funktioniert so ähnlich wie im Printbereich: unter dem Ladentisch, über Postfachadressen oder auf anderen Wegen des unkontrollierten Verkaufs. Zu diesem Sortiment gehören Spiele, die bereits indiziert oder verboten sind oder aber wegen ihrer menschenverachtenden und die Menschenwürde verletzenden Inhalte erst gar nicht auf den regulären Markt kommen. Ähnlich wie bei der Print- und Videobranche gibt es auch hier immer wieder polizeiliche Erfolge, was aber neue Anbieter kaum je daran hindert, in dieses miese Geschäft einzusteigen.

### Die Genres

Wenn Kinder spielen, kümmern sie sich nicht darum, in welches Genre sich ihr Spiel einordnen läßt, welche Art von Spiel das ist, in dem sie gerade aufgehen. Sie überlegen auch nicht im nachhinein: »Welche Art von Spiel habe ich denn eigentlich soeben gespielt?« Klassifikationen finden in den Köpfen von Erwachsenen statt, die ihre Umwelt nicht mehr nur erspielen oder erleben, sondern kennzeichnen, unterscheiden und einordnen wollen, um es dann als Erkanntes oder Verstandenes reproduzieren zu können. Kindern sind solche abstrakten Schablonen fremd. Sie erkennen mit Hilfe ihrer Phantasie in ihrer unmittelbaren Umgebung zahllose Herausforderungen, die sie dank ihrer Neugier erleben oder erspielen und letztlich begreifen oder beherrschen möchten.
Je intensiver sie sich dank individueller Dispositionen oder äußerer Anregungen mit all ihrer Phantasie und Neugier auf die Herausforderung des Spiels einlassen, um so faszinierter sind sie von diesem Spiel. Häufig spielen sie dann eine Zeitlang fast

täglich das Gleiche. Die Begeisterung der Spielenden kann je nach persönlicher Erwartung auf ganz unterschiedlichen Bewertungen des Spiels beruhen. Erwachsene finden es nützlich, unterschiedliche Spielformen in entsprechende Kategorien einzuteilen, etwa Gesellschaftsspiele, Geschicklichkeitsspiele, Wettkampfspiele, Rollenspiele und andere mehr. Spiele, die am Computer gespielt werden, unterliegen ebenfalls einer solchen Einteilung in Kategorien, die man hier als *Genres* bezeichnet. Dieser Begriff wurde nicht der klassischen Spieltheorie als einem Teilbereich der Pädagogik, sondern den Medienwissenschaften – insbesondere der Filmtheorie – entlehnt. Dieser Umstand deutet darauf hin, daß wir es mit einem Gegenstand zu tun haben, der keine eindeutig spielbezogene Herkunft hat. In den Computerspielen selbst tauchen zwar Spielmuster auf, die es bereits lange vor dem Computer gab. In ihrer spezifischen Abwandlung sind sie aber nur am Computer spielbar, was sich etwa am Beispiel des Brettspiels *Mühle* leicht verdeutlichen läßt. Dieses traditionelle Spiel ist jederzeit und überall von zwei Spielern spielbar, selbst wenn kein konfektioniertes Brett mit Steinen zur Hand ist. Der Spielplan kann auf eine beliebige Grundlage gezeichnet, geritzt oder aufgetragen werden, als Spielsteine können alle möglichen Gegenstände herhalten: Pappscheiben, Knöpfe, Steine etc. Oder die Spieler greifen auf das Mahagonibrett aus dem Wohnzimmerschrank mit den gedrechselten Steinen zurück und beginnen jede Mühlenspielrunde mit dem gleichen Ritual, dem Abzählen der Steine.

Am Computer wird das Mühlespiel nach haargenau den gleichen Regeln gespielt, und doch haben wir es mit einem völlig anderen, hochtechnisierten Medium zu tun, das erst seit etwa fünfzehn Jahren überhaupt als Spielgerät dient. All die genannten Improvisationsmöglichkeiten und Rituale des traditionellen Spiels entfallen und werden gegen ganz andere Voraussetzungen ausgetauscht: Der Spieler braucht einen Computer. Er muß über bestimmte Kenntnisse zur Bedienung des Gerätes verfügen. Er braucht Strom aus der Steckdose oder einen Akku. Einen Gegenspieler braucht er allerdings nicht unbedingt, denn diesen Part kann er dem Computer zuweisen und diesem auch gleich die gewünschte Spielstärke gewähren. Er kann sicher sein, daß die Utensilien stimmen, nicht nachgezählt und anschließend nicht weggeräumt werden müssen. Er kann die »Steine« nicht anfassen, sondern muß sie über Mausklick oder Tastatur auf dem virtuellen »Brett« hin- und herschieben. Kurzum, das Mühlespiel am Computer ist nicht das Mühlespiel unserer Eltern und Großeltern.

## Programmieren und die Phantasie entfalten – Ein Widerspruch?

Die ersten Computerspiele waren Ergebnisse der Freizeit- oder Pausenbeschäftigung professioneller Programmierer und verbissener Computerfreaks. Das, was in der Nachbetrachtung als Spiel bezeichnet wurde, war der – wahrscheinlich zunächst nicht zielgerichtete – Versuch, dieser streng mathematisch und in höchstem Maße funktional arbeitenden Maschine etwas Zweckfreies zu entlocken: Am Anfang war der Lichtpunkt, der mittels einer steuerbaren Lichtfläche und der Bildschirmbegrenzungen retourniert und in Bewegung gehalten werden konnte. Irgend jemanden muß dieser ›unfunktionale‹ Umgang mit der Rechenmaschine an Ping Pong erinnert haben: den hüpfenden Lichtpunkt nannte er einen Ball und der steuerbaren Lichtfläche gab er die Form eines Schlägers und nannte sie auch so. Ping Pong ist bekanntlich ein Sportspiel, und damit war das erste Computerspiel geboren.

Wie auch immer es entstanden ist, ob durch Zufall oder Absicht – die Anfänge des Computerspiels sind im Umfeld von Menschen zu suchen, die programmieren konnten. Die auf extreme Fähigkeit zur Redundanz, Verkürzung und immer auf den Fixpunkt des Machbaren ausgerichteten Leistungen der Programmierer wissenschaftlicher und gewerblicher Anwendungen standen allerdings in krassem Gegensatz zu den auf die visionäre Entfaltung von Phantasie und Kreativität bedachten Entwicklern traditioneller Spiele.

Die meisten der bei der Spielesoftwareindustrie in Lohn und Brot stehenden Programmierer scheinen lediglich in den Kategorien des schnell und damit kostengünstig Umsetzbaren zu planen und zu handeln. Und was noch stärker auf die Qualität der Spiele drückt, ist die Grenze des technisch Umsetzbaren, auf die sie sich gern berufen, wenn von Phantasie und geistiger Weite in einem Spiel wieder mal nichts zu erkennen ist.

Bei allzu vielen Actionspielen haben wir den Verdacht, daß zunächst einmal etwas lediglich optisch und akustisch Neues und damit Interessantes programmiert wurde, für das dann im nachhinein eine »Story« zu suchen war. Diese Story verliert sich häufig in der Unübersichtlichkeit von Zeit, Raum und Fiktion, so daß es der Computerspieler unterm Strich mit einem 08/15-Ballerspiel zu tun hat, das im Grunde von einem längst bekannten Spielinhalt lebt, der lediglich in bis dato optisch und akustisch unbekannter Machart aufgeputzt wurde. Ergo bilden weniger die Spielinhalte die Vermarktungsargumente, sondern das technische Niveau, auf dem das Spiel erst richtig spielbar wird: der voluminöse Umfang der Software (*Wing Commander III* kommt inzwischen auf vier CD-ROMs daher) und die benötigte Rechnerausstattung (Der 3-D-Cybereffekt etwa von *Magic Carpet* läßt sich optimal nur mit Pentium-Prozessor und mindestens 8 MB RAM, Double-Space-CD-ROM-Laufwerk und 3-D-Helm erleben.) Die Missionen und Spielerlebnisse selbst lassen sich dabei auf den immer gleichen oder ähnlich bescheidenen Inhalt reduzieren, daß der Protagonist in Form des Spielers das ihn umgebende Böse zu seinen Gunsten – d. h. Punktvorteilen – besiegen und damit die Spieldauer verlängern kann. Die Verfolgungsjagden sind lediglich in unterschiedlichen, letztlich willkürlich austauschbaren Epochen und Orten angesiedelt und bedienen sich entsprechend unterschiedlicher Hilfsmittel. Die jugendlichen Spieler quittieren diese mangelnden Inhalte zumeist dadurch, daß sie solche Spiele ungeachtet der hohen Anschaffungspreise relativ schnell ad acta legen.

Der Einwand, daß auch im Film oder in der Literatur sich innerhalb eines Genres Handlungsmuster wiederholen können, etwa im Western, stimmt einerseits, aber die Verschlungenheit der Handlungsabläufe und vor allem die Vielschichtigkeit von Filmszenen (von der Literatur ganz zu schweigen) konnte andererseits bisher im Computerspiel nicht annähernd erreicht werden. Viele dieser »Abenteuer« gleichen allzu sehr einer monotonen Fahrt mit dem Karussell, das sich vor wechselnden Kulissen dreht.

Kreativität, Vision, Ästhetik und Experiment scheinen im Bereich der Spieleproduktion bis vor kurzer Zeit eher nachgeordnete Kriterien gewesen zu sein. Weil der Markt selbst auf diesem inhaltlich bescheidenen Niveau dauerhaft boomte, hat man sich in den Programmschmieden lange Zeit nicht sonderlich intensiv um die Entwicklung interessanterer Spielevarianten bemüht. Erst mit der Verbreitung des Computers im Homebereich, also bei einem Publikum, das über die berufsmäßig damit befaßten »Freaks« hinausgeht, wuchs auch der Bedarf an Spielen, die durch mehr als nur technische Spielereien überzeugen. Gleichzeitig stellte die Industrie in Form der CD-ROM einen schier ›endlosen‹ Datenträger zur Verfügung, der zudem noch in hohem Maße vor Raubkopierern schützt. Nun konnten die Spiele aufwendiger werden.

Es entwickelten sich inzwischen unter den Bezeichnungen Edutainment und Infotainment Ansätze, die hoffen lassen. Hier werden wenigstens vereinzelt formal und inhaltlich neue Wege beschritten, mit Produkten, die beim spielerischen Umgang mit dem Computer ganz neue Möglichkeiten entdecken lassen.

Wir wollen allerdings das traditionelle Spieleangebot für Computer nicht in Bausch und Bogen verdammen, denn auch hier finden sich durchaus unterhaltsame Varianten, die man teilweise schon als Klassiker bezeichnen kann.
Der Übersichtlichkeit halber schließen wir uns im folgenden der üblichen Einteilung der Computerspiele in Genres an, wohl wissend, daß die Grenzen nicht immer eindeutig gezogen werden können.

### Geschicklichkeitsspiele

Die älteste Computerspielform ist das Geschicklichkeitsspiel. Die beliebtesten Geschicklichkeitsspiele bei Schul- oder Straßenfesten dürften die Torwand und der Klingeldraht sein. Beide Spiele erfordern hohe Konzentration und gute Motorik. Beim Geschicklichkeitsspiel am Computer führen vor allem der konzentrierte Umgang mit Maus, Joystick oder Tastatur und schnelle Reaktion zu einem guten Spielergebnis.
Geschicklichkeitsspiele kommen in aller Regel ohne »Geballer« aus und sind daher von eher moderat sportlichem als wild kämpferischem Charakter.
Als Klassiker des Geschicklichkeitsspiels gilt *Pac Man*, ein pillenfressendes Männchen, das wendig durch ein labyrinthähnliches Wegesystem geleitet wird, um bei seiner Pillensuche nicht Opfer herumirrender Geister zu werden. Ein Spiel, das ohne Probleme auch auf einem 286er Prozessor läuft, für seine schnarrende akustische Untermalung nichts weiter als den Systemlautsprecher benötigt und trotz oder gerade wegen all dieser Bescheidenheiten immer mal wieder gern von unseren Kindern zum Spielvergnügen gestartet wird.

*Flipper*, das unverzichtbare Automatenspiel in rauchgeschwängerten Eckkneipen, hat viele eingeschworene Fans und zählt inzwischen auch längst zu den »Oldtimern« unter den PC-

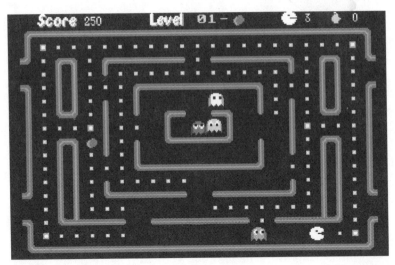
*Pac Man*

Spielen. *Flipper* (oder *Pinball*) gehört zu der Sorte Geschicklichkeitsspiele, die immer mal wieder von Kindern wie von Erwachsenen vor oder nach getaner Arbeit auf den PC-Bildschirm geholt werden. An diversen Pinballtischen mit unterschiedlichen Schwierigkeitsstufen können sich die Spieler beweisen. Einige Programme bieten zudem eine Besonderheit: die einzelnen Pinballtische können von den Spielern selbst »zusammengebastelt« werden.
Wirklich empfehlen können wir die folgenden Geschicklichkeitsspiele:
*König der Löwen.* Virgin
*Aladdin.* Virgin
*Pinball Dreams Deluxe (Flipper).* 21st Century
*Pacman/Gobman.* diverse Anbieter
*Lemmings.* Psygnosis

## Denkspiele

Die sogenannten Denkspiele sind in der Regel nichts anderes als traditionelle Brett-, Klötzchen- oder Kartenspiele in digitalisierter Form. Größter Beliebtheit erfreut sich das unter *Windows* mitgelieferte *Solitär*, mit dem sich immer wieder Glück und Erfolg erproben lassen. Auch Skat und Poker läßt sich am Bildschirm klopfen, und verschiedene Brettspielehits aus Asien, wie *Mah Jongg* werden besonders von Erwachsenen als »ernsthafte« Spiele akzeptiert. Für Kinder haben die Softwarehersteller das Puzzle am Bildschirm entdeckt. Sie werben ganz pragmatisch mit den offensichtlichen Vorteilen. Denn wer selbst schon einmal frustriert ein angefangenes Puzzle beiseite gelegt hat, weil drei Teile fehlten, weiß zu schätzen, daß im PC alle Puzzleteile garantiert aufbewahrt werden.

## Actionspiele

Mehr Grafik und Sound bieten die Weiterentwicklungen des Geschicklichkeitsspiels zum Actionspiel. Und wer mehr bietet, der verlangt auch mehr: mehr Zeit, mehr Toleranz gegenüber den Spielinhalten, denn hier läuft ohne Knarre nicht allzu viel, und auch eine leistungsfähigere Hardware ist dem Spielverlauf dienlich. Soundkarte mit Lautsprechern und in der Regel mindestens ein 486er Prozessor mit SVGA-Grafik und 4 MB RAM. Hit Nummer eins ist unangefochten *Rebel Assault*. Beeindruckend bei diesem Spiel sind bis dahin nicht gekannte Sound- und Grafikqualitäten. Der Spielinhalt bleibt, gemessen an der aufwendigen und begeisternden Spielumgebung, eher bescheidener Natur.
Für empfehlenswert halten wir außer *Rebel Assault* der Firma *Lucasarts* noch das Actionspiel *Prince of Persia* von *Brotherbound Software*.

### Abenteuerspiele

In Abenteuerspielen werden reine Action-Szenarien zugunsten eines geschlossenen Abenteuerverlaufs zu kurzen Kampfszenen gestutzt, die der Protagonist ebenso wie etwa Rätsel oder Geschicklichkeitsaufgaben durch Kombination oder Lösung bewältigt, um sich so von einem Spielstand oder Level zum nächsten zu hangeln und endlich den ersehnten Schatz zu erobern. Abenteuerspiele greifen historische Figuren oder Hintergründe auf, teilweise auch bekannte Stoffe aus anderen Kulturbereichen wie Literatur oder Film, und bieten den Spielern die Möglichkeit, in einer fremden Rolle fremde Historien zu erleben. Als Klassiker der Abenteuerspiele gelten inzwischen *Monkey Island* und *Indiana Jones*.
Mit *Indiana Jones* demonstrierte die amerikanische Filmindustrie die erfolgreiche Verknüpfung von Kinofilm und Computerspiel. Nachdem der unkonventionelle Archäologe Professor Jones bereits Millionen von Kinogängern angelockt hatte, wurde die Story kurzerhand in ein Adventurespiel umgesetzt.

*Indiana Jones*

Und obwohl schon etliche Jahre alt, gehört *Indiana Jones III* zu den beliebten Klassikern dieses Genres. Aufgabe des Spielers, der sich in die Rolle von Indiana Jones (im Film: Harrison Ford), dem Sohn des weltbekannten Wissenschaftlers Henry Jones (im Film: Sean Connery) versetzt, ist es, den Heiligen Gral (den Kelch, den Jesus seinen Jüngern beim Abendmahl gereicht haben soll) zu finden. Gefährliche Abenteuer sind zu bestehen. Unter anderem muß Henry Jones, der auf mysteriöse Weise verschwunden ist, gefunden werden, und schließlich muß Indiana Jones verhindern, daß der Gral in die Hände der Nationalsozialisten fällt, die sich das tausendjährige Reich mittels dieses Wunderbechers sichern wollen.

Empfehlenswert sind die folgenden Abenteuerspiele:
*Monkey Island.* Lucasarts
*Indiana Jones.* Lucasarts
*Kings Quest 7.* Sierra On-Line
*Day of the Tentacle.* Lucasarts

### Rollenspiele

Im Rollenspiel stehen dem Spieler zudem noch die Bausteine für den Wunschhelden zur Verfügung: Durch die Auswahl körperlicher und geistiger Qualitäten gestaltet er sich seinen eigenen Helden oder ein ›alter ego‹, das seiner Meinung nach in der gewählten ›Zusammensetzung‹ am ehesten mit den Widrigkeiten der Spielszenarien fertig wird. *Lands of Lore* oder *Eye of the Beholder* gehören zu den bekanntesten Rollenspielen.

### Simulationsspiele

Dies ist eine Kategorie von Spielen, die für Kinder ihren besonderen Reiz hat. Spiele nämlich wie *Simcity* oder *Indicar racing*, in denen sie Erwachsensein simulieren können, in denen sie am Bildschirm etwas unternehmen können, was ihnen in der Realität noch vorenthalten wird: Auto fahren oder als Pilot ein Flugzeug steuern, im Beruf erfolgreich sein, eigenverantwortlich entscheiden können. (Man sollte allerdings meinen, es müßte sich nicht unbedingt um das simulierte Abschießen irgendwelcher Feinde im U-Bootkrieg oder um das Bedienen des Steuers und der Hebel eines Kampfbombers handeln.) Simulationsspiele orientieren sich viel stärker als alle bisher genannten Genres an der Wirklichkeit und bieten verschiedene Simulationsmöglichkeiten dieser Wirklichkeit an. Im Vordergrund steht dabei allerdings nicht die Realitätsnähe der Spielvarianten, sondern die Möglichkeit der Spielenden, ihre Vorstellungen von der Realität zu erproben. Durch vielfältige Beeinflussungsmöglichkeiten versucht der Spieler, zukünftige Entwicklungen in seinem Sinne zu gestalten.

*Sportsimulationen*
Weit verbreitete und beliebte Simulationen sind Sportspiele der

verschiedensten Art. Mit Basketball-, Leichtathletik-, Wintersport-, Tennis- oder Fußballsimulationen erkämpft sich der Spieler seine eigene Sportlerkarriere oder er übt sich als Manager seines Lieblingsvereins.
Zwei empfehlenswerte Sportspiele sind:
*Winter Challenge.* Accolade
*FIFA-Soccer.* Electronic Arts

*Links (Golfspiel).* Access


*Rennsimulationen*
Einen Grenzbereich des Sports, nämlich den Motorsport, decken die Fahr- oder Rennspiele ab. Mit Motorrad, Rennwagen oder Go-Cart rasen die Spieler über zum Teil ›echte‹ Rennstrecken.
Diese Spiele können teilweise mit mehreren vernetzten Geräten gespielt werden, oder es bedienen mehrere Spieler verschiedene Tasten oder Joysticks an demselben Computer, um die Wettfahrten zu simulieren. Gewinnen wird nicht der unerbittliche

»Bleifuß«, sondern der Fahrer, der unerwartete Gefahren und brisante Streckenführungen am geschicktesten bewältigt. Ein empfehlenswertes Auto-Rennspiel ist etwa *Indianapolis* von der Firma *Electronic Arts*.

*Rennsimulation*

*Kriegssimulationen*
Kriegsspiele für Computer simulieren in teilweise drastischer Realitätsnähe Gefechte oder Schlachten. Als Panzerfahrer, Kampfpilot oder mit anderen Hilfsmitteln greift der Kämpfer in meist historisch aufgearbeitete Kriegsszenarien ein. Oder er plant als Napoleon oder Blücher, quasi als Feldherr oder oberster Befehlsstab, die Logistik und Strategie historischer Schlachten. Beide Arten der Kriegssimulation üben einen außerordentlichen Reiz auf die meisten Jugendlichen aus, vielleicht auch deshalb, weil die Kriegsherren am Bildschirm der Geschichte immer wieder einen anderen, für sie siegreichen Verlauf der Kämpfe verpassen können. Abgesehen von der

grundsätzlichen Fragwürdigkeit kriegerischer Handlungen im Spiel erwecken diese Spiele allzu leicht den Eindruck eines technisch und strategisch perfekt führbaren Krieges, ohne auf politische, soziale und sozialpsychologische Parameter eingehen zu müssen. Das millionenfache individuelle Elend jedes Krieges wird dabei überhaupt nicht thematisiert. Das Bild der »sauberen« Kriegsführung, einer wie auch immer gearteten kriegerischen »correctness« werden in solchen Kriegsspielen vorweggenommen, um dann bei Bedarf, zuletzt etwa in der Berichterstattung über den Golfkrieg, über die Medien als scheinbare Realität reproduziert zu werden.

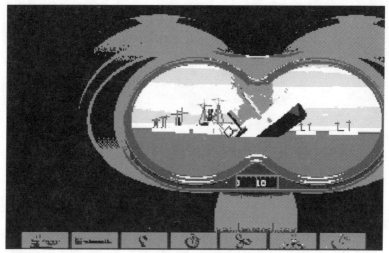

*Kriegssimulation*

*Wirtschaftssimulationen*
Mit vergleichsweise harmlosen Mitteln und allenfalls um wirtschaftliches Überleben wird in Wirtschaftssimulationen gekämpft. Nach dem Muster unserer Wirtschaftsform, die allein dem Tüchtigen Erfolg verspricht, (ver)dient sich der Spieler nach knallharter Kosten-Nutzen-Kalkulation nach oben. Gekämpft

*Bundesliga Manager Hattric*

wird gegen die übelwollende Konkurrenz nur mit wirtschaftlichen Mitteln: Geld, Macht und Entscheidungssicherheit.

*Politische Simulationen*
Schließlich gibt es noch politische Simulationen. Nicht der wirtschaftliche Erfolg eines Unternehmens, sondern die wirtschaftliche und politische Stabilität und Prosperität einer ganzen Gesellschaft sind Ziel dieser Spiele.

Empfehlenswerte Simulationsspiele:
*Simcity 2000*. Maxis
*Bundesliga Manager Hattrick*. Software 2000
*Theme Park*. Electronic Arts
*MS-Flugsimulator 5.0*. Microsoft
*Flight Unlimited*. Kunstflug-Simulation, Looking Glass

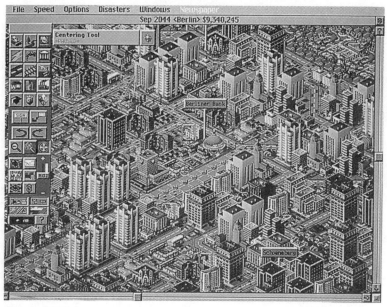
*Simcity 2000*

Computerspiele sind nur ein kleiner Ausschnitt aller möglichen Nutzungsarten des Computers, statistisch gesehen sind es gerade mal gut fünfzehn Prozent. Besonders der Spiele wegen gerät der Computer aber immer wieder ins Gerede, häufig unter negativem Vorzeichen. Kinder spielen gern, wenn möglich auch am Computer. Die Grenzen zwischen Kinder- und Erwachsenenwelt scheinen an diesem Gerät zu verwischen. Eltern sehen dann oft die eigenen, vor Kindern geschützten Zonen des Erwachsenenseins (»Dafür bist du noch zu klein«, oder gar:»Das verstehst du noch nicht«) bedroht. Kinder dagegen sehen hierin ihre Chance, endlich auch mal an eigentlich den Erwachsenen vorbehaltenen Geräten ihre Fähigkeiten testen zu können und nicht wie so oft in die »Kinderecke« geschoben zu werden. Sie wollen probieren, versuchen, testen, spielen und etwas entdecken, am liebsten natürlich in Bereichen, die für Mama und Papa ebenfalls wichtig sind. Der Computer bietet ihnen so ein gemeinsames Forschungsfeld, und spielend können sie sich den Zugang erschließen zu einem Werkzeug, das sie in den verschiedensten Formen ein Leben lang begleiten wird. Gelassenheit, fachliche Hilfestellungen und, bei fragwürdigen Spielen, auch kritische Toleranz, das sind die besten Ratgeber für Eltern, deren Kinder es an Tastatur und Monitor zieht.

# Selbermachen ist Trumpf!

## Kreativ am Computer

### Wie alles anfing

Wozu dient der Computer – zum Arbeiten, zum Lernen oder zum Spielen? In der Frage steckt bereits die Antwort: Der Computer ist vielfältig. Er ist nicht nur eine Rechen- oder eine Schreibmaschine, ein Malblock oder ein Spielzeug, ein Lexikon, eine Bibliothek, eine Soundmaschine oder ein Kommunikationsmittel. Er kann alles zugleich sein, er ist multifunktional. Und diese Multifunktionalität eröffnet den Nutzern eine ganze Fülle von Möglichkeiten, zum einen auf der Ebene der verschiedenen Programme, zum andern auf der Ebene, auf der der Computer ursprünglich arbeitet.

Diese ursprüngliche Funktion des Computers ist nichts anderes als die Rechenfunktion. Auf dieser Fähigkeit beruhen alle weiteren Nutzungsmöglichkeiten. Dabei rechnet der Computer in einer »Sprache«, die nur zwei Aussagen kennt, nämlich: richtig und falsch, beziehungsweise 1 und 0. Schon diese Tatsache läßt sich für ein einfaches Experiment nutzen: Übertragen wir unser dezimales Zahlensystem mit seinen zehn Ziffern in ein sogenanntes binäres oder Dualsystem mit nur diesen zwei Ziffern, erhalten wir folgende Zahlen:

| Dezimalsystem | Dualsystem |
|---|---|
| 1 | 1 |
| 2 | 10 |
| 3 | 11 |
| 4 | 100 |

| | |
|---|---|
| 5 | 101 |
| 6 | 110 |
| 7 | 111 |
| 8 | 1000 |
| 9 | 1001 |
| 10 | 1010 |
| 11 | 1011 |
| 12 | 1100 |
| 13 | 1101 |
| 14 | 1110 |
| 15 | 1111 |
| 16 | 10000 |
| 17 | 10001 |
| 18 | 10010 |
| 19 | 10011 |
| 20 | 10100 |

Diese Reihe läßt sich bis ins Unendliche fortsetzen. Ergänzen wir bis zu maximal achtstelligen Zahlen im Dualsystem, dann können wir von 0 bis 255 zählen, also 256 Zeichen zuordnen. Die entsprechende Zeichenreihe, auf die man sich weltweit geeinigt hat, heißt ASCII-Code (American Standard Code for Information Interchange), auf deutsch: Amerikanischer Standard Code für Informations-Austausch.

Die Zeichen 32 bis 126 dieses Codes sind auf allen PCs der Welt in allen Programmen gleich benutzbar. Machen Sie den Test und tippen Sie bei gedrückter Alt-Taste die Ziffern 7 und 8 auf dem Zahlenblock am rechten Tastaturrand nacheinander ein. In Ihrer Textverarbeitung erscheint ein N. Mit Hilfe dieser Tabelle kann der Rechner jederzeit gesteuert werden, auch wenn er mal zu »spinnen« scheint, also etwa ein y statt eines z anzeigt.

Mit Hilfe dieser Tabelle können Kinder sich auf einfache Weise Geheimbotschaften zustecken, die der Computer zu Hause entschlüsselt:

**Tabelle ASCII - Code**

| Dec | Char | Dec | Char | Dec | Char | Dec | Char |
|---|---|---|---|---|---|---|---|
| 1-31 | = n. benutzt | 55 | = 7 | 79 | = O | 103 | = g |
| 32 | = Leerz. | 56 | = 8 | 80 | = P | 104 | = h |
| 33 | = ! | 57 | = 9 | 81 | = Q | 105 | = i |
| 34 | = " | 58 | = : | 82 | = R | 106 | = j |
| 35 | = # | 59 | = ; | 83 | = S | 107 | = k |
| 36 | = $ | 60 | = < | 84 | = T | 108 | = l |
| 37 | = % | 61 | = = | 85 | = U | 109 | = m |
| 38 | = & | 62 | = > | 86 | = V | 110 | = n |
| 39 | = ' | 63 | = ? | 87 | = W | 111 | = o |
| 40 | = ( | 64 | = @ | 88 | = X | 112 | = p |
| 41 | = ) | 65 | = A | 89 | = Y | 113 | = q |
| 42 | = * | 66 | = B | 90 | = Z | 114 | = r |
| 43 | = + | 67 | = C | 91 | = [ | 115 | = s |
| 44 | = , | 68 | = D | 92 | = \ | 116 | = t |
| 45 | = - | 69 | = E | 93 | = ] | 117 | = u |
| 46 | = . | 70 | = F | 94 | = ^ | 118 | = v |
| 47 | = / | 71 | = G | 95 | = _ | 119 | = w |
| 48 | = 0 | 72 | = H | 96 | = ` | 120 | = x |
| 49 | = 1 | 73 | = I | 97 | = a | 121 | = y |
| 50 | = 2 | 74 | = J | 98 | = b | 122 | = z |
| 51 | = 3 | 75 | = K | 99 | = c | 123 | = { |
| 52 | = 4 | 76 | = L | 100 | = d | 124 | = | |
| 53 | = 5 | 77 | = M | 101 | = e | 125 | = } |
| 54 | = 6 | 78 | = N | 102 | = f | 126 | = ~ |

83, 67, 72, 85, 76, 70, 82, 69, 73. Diese Zahlenreihe, jeweils zusammen mit der Alt-Taste eingetippt, ergibt eine bei Kindern immer beliebte Meldung.
Nur noch von »Kennern« ist die Codierung zu entschlüsseln, wenn diese Dezimalzahlen ins Binärsystem übersetzt werden:

83 = 01010011, 67 = 0100011, 72 = 01001000, 85 = 01010101, 76 = 01001100, 70 = 01000110, 82 = 01010010, 69 = 01000101, 73 = 01001001.
Beim Tippen der Taste <s> z. B. wird für den Rechner die Befehlsfolge 01010011 ausgelöst.
Techniker haben die Ziffernfolgen in Elektronik umgesetzt, und zwar so, daß bei 1 ein schwacher Strom fließt, bei 0 nicht. Damit werden alle Befehle, die dem Rechner eingegeben werden, letztlich darauf reduziert, ob Ströme fließen oder nicht. Das Ganze geschieht in einem bestimmten, festen Rhythmus, dem Takt. Je schneller ein Rechner eine bestimmte Zahlenmenge in einer bestimmten Zeit verarbeiten kann, um so leistungsfähiger wird er.

### Geheime Botschaften

Bleiben wir bei geheimen Botschaften. Geheimschriften sind bei Kindern seit jeher beliebt. Neben dem genannten ASCII-Code, den man zur Ver- oder Entschlüsselung geheimer Botschaften natürlich unbedingt zur Hand haben muß, gibt es viele andere Beispiele. In den gängigen Textprogrammen unter Windows, also zum Beispiel in dem bereits vorhandenen *Write* oder dem dazugekauften *Word* oder *AmiPro* gibt es nämlich eine ganze Reihe verschiedener Schriften zur Auswahl. Außer den herkömmlichen Schriftarten wie *Courier* oder *Times* sind das so spielerische Angebote wie *Windings* oder *Symbol*. Das Alphabet in *Windings*-Zeichen ausgedruckt, sieht so aus:

In *Symbol,* einer Schriftbezeichnung, hinter der sich das griechische Alphabet verbirgt, wird es entschieden leserlicher:

ΑΒΧΔΕΦΓΗΙϑΚΛΜΝΟΠΘΡΣΤΥςΩΨΞΨΖ

Für Menschen, die keinen Zugang zum PC haben, ist eine Botschaft, ausgedruckt in *Windings*, nicht zu lesen, während Computernutzer keine Probleme haben werden, ein Wort wie

zu übersetzen. Es reicht, sich dazu das entsprechend umgesetzte Alphabet auf den Bildschirm zu holen. Ganz wasserdicht ist diese »Geheimschrift« also nicht, denn jeder, der über ein Computerschreibprogramm verfügt, hat schon einmal die Schriften ausprobiert und kann die geheime Botschaft leicht entschlüsseln.

Etwas schwieriger wird es mit Programmen, die weniger verbreitet sind und über eine Fülle von verschlüsselten Zeichen verfügen. Mit unserem letzten *Vobis*-Rechner wurde beispielsweise *CorelDraw*, ein Profi-Grafik-Programm, mitgeliefert, das über 650 unterschiedliche Schriften verfügt. Damit läßt sich eine Nachricht weit wirkungsvoller verschlüsseln.

Hier das Wort, das wir auf Seite 131 mit Hilfe des ASCII-Codes verschlüsselt hatten, in einer weiteren *CorelDraw*-Schrift:

Die Geheimschriften sind zwar ein eher nebensächlicher Nutzeffekt der verschiedenen Schreibprogramme, machen aber gerade Kindern meist besonderen Spaß. Sie können damit – bei etwas Phantasie – einiges bewerkstelligen. Doch weniger um geheime als um ansprechend gestaltete, immer wieder änderbare Texte geht es bei den Computerschreibprogrammen. Nicht nur Erwachsene, auch Kinder nutzen diese Angebote gern.

Kreativität, so steht es im Lexikon, ist schöpferisches Denken und Produzieren. Manch einer bekundet sein Bedauern darüber, daß handschriftlich gestaltete Einladungen, Notizen oder persönliche Nachrichten fast schon Relikte der Vergangenheit sind, und führt diese Beobachtung dann als Indiz dafür an, daß Computer die Kreativität verhinderten und das Stereotyp förderten. Dies ist jedenfalls eines der vielen Vorurteile, denen Kinder, die sich dem Computer zuwenden, begegnen.

Warum aber sollten Kinder, die zum Beispiel nicht gern oder nicht den fremden oder eigenen Ansprüchen entsprechend mit der Hand schreiben, ihren Texten aber trotzdem eine ansprechende äußere Form verpassen wollen, auf die unschlagbaren Vorteile von Schreibprogrammen verzichten? Und warum sollte man Kindern nicht das Erfolgserlebnis gönnen, schöne Bilder zu gestalten, selbst wenn sie glauben, von Hand nicht so gut malen zu können, oder wenn sie es hassen, nach dem Malen alles wieder saubermachen, Pinsel reinigen und sich das Murren über Farbflecken auf Tisch und Kleidern anhören zu müssen.

Wir meinen, daß der Computer sich als Werkzeug, das der Kreativität dient, einsetzen läßt, und zwar in vielen Bereichen: beim Schreiben, Malen, Musik machen, Kommunizieren, beim Zusammenspielen verschiedener Programme und nicht zuletzt beim eigenen Programmieren.

Der PC ist bei all diesen Beschäftigungen nicht mehr und nicht weniger als ein potentes Werkzeug. Und genau wie der Stift oder der Pinsel ist auch dieses Werkzeug an sich noch nicht kreativ. Die Kreativität entsteht erst durch den, der Stift, Pinsel oder Computer benutzt.

### Kunst per Maus und Tastendruck

Das bekannteste Malprogramm ist wohl *Paintbrush*, das zu *Windows* gehört. Mit Hilfe einstellbarer Werkzeuge wie Pinsel, Rolle, Stift, Radiergummi oder mit vorgegebenen, aber in ihrer Größe änderbaren geometrischen Formen lassen sich mit diesem Programm auf dem Bildschirm eigene Werke gestalten, die zudem mit Schrift versehen und durch eine Vielzahl mischbarer Farben gestaltet werden können. Die Werke können dann im Computer gespeichert und/oder mit einem einfachen oder einem Farbdrucker zu Papier gebracht werden. Die Handhabung von *Paintbrush* ist jedoch zugegebenermaßen nicht ganz einfach. Die Zeichnungen entstehen nämlich durch die Bewegung mit der Maus, das heißt: das, was während des Malvorgangs auf dem Bildschirm erscheint, muß gleichzeitig mit Hilfe der Maus gesteuert werden. Ein gewöhnungsbedürftiger Vorgang, der gute Koordinationsfähigkeit und Abstraktionsvermögen verlangt. Deswegen sind die meisten Ergebnisse dieser Malerei – zumindest anfangs – etwas krakelig. Vorteile bietet dieses Programm unseres Erachtens weniger beim Malen als vielmehr beim Experimentieren, beim spielerischen Ausprobieren von Formen, Farben und Techniken wie Zeichnen, Sprühen, Flächen füllen, Schreiben oder Verzerren.

Einmal in *Paintbrush* entstandene und gespeicherte Bilder lassen sich auch für die dauerhafte Bildschirmgestaltung nutzen, zum Beispiel als Hintergrundbild unter *Windows*. Nora, unsere neunjährige Tochter, hatte den Abend vor Ostern genutzt, um mit *Paintbrush* ein Osterbild für uns zu erstellen. Als wir am nächsten Tag *Windows* starteten, erschien die umseitige schöne Osterüberraschung.

Es gibt einige spezielle Malprogramme für Kinder, zum Beispiel *Fine artist*, das ähnlich wie das Schreibprogramm *Creative writer* (das wir in diesem Kapitel noch vorstellen werden) aufgebaut ist. Es stellt viele Maltechniken zur Verfügung und darüber hinaus eine Fülle vorgegebener Muster und Elemente wie zum Beispiel bewegte Bilder, Sticker und dreidimensionale Ansichten, die in eigene Zeichnungen eingefügt werden können. Andere Malprogramme bieten ein ähnliches Spektrum. Die Kinder sollten bei der Auswahl einfach nach eigenen Vorlieben und Wünschen entscheiden.

Das Handicap beim Malen mit der Maus haben die Softwarehersteller irgendwann erkannt und flugs ein neues Gerät erfunden: das Malpad. Dabei wird statt der Maus ein Stift eingesetzt, was zwar die Koordinationsprobleme nicht beseitigt, den Malvorgang aber durchaus vereinfacht.
Auch ein spezielles Kindermalpad wird inzwischen angeboten, das für Kinder im Vorschul- beziehungsweise Grundschulbereich gedacht ist, das *Orpheus Ezpad*. Es verfügt, ähnlich wie die Malprogramme, über zusätzliche Funktionen, vorgegebene Bilder, Sticker, über unterschiedlich dicke Stifte, Radiergummi, Stempel und Musik. Alles läßt sich miteinander kombinieren: Vorgefertigtes mit Eigenem, Bild mit Musik, Text mit Grafik. Das Malpad ähnelt der altbekannten Schiefertafel mit Griffel. Es wird per Schnur mit dem PC verbunden, aber alle Funktionen werden, per Tasten an den Seiten, über dieses Pad gesteuert, die eigentliche Tastatur des Computers bleibt unbenutzt. Gemalt wird mit dem Griffel, ebenso lassen sich die Funktionstasten damit bedienen. Zwar erinnern die vorgegebenen Motive

noch sehr an die etwas gleichförmigen Malbücher vergangener Jahrzehnte, aber der Reiz des Programms liegt ohnehin weniger im schlichten Ausmalen vorgegebener Motive als vielmehr im Ausprobieren, Zusammenstellen, Ändern und Ergänzen dessen, was auf dem Bildschirm erscheint.

Die Möglichkeit zum Experimentieren ist unserer Meinung nach das Entscheidende an all diesen Malprogrammen. Zu immer wieder neuen Überraschungen führt das Ausprobieren, Kombinieren und Verändern aller möglichen Komponenten des Programms. Malprogramme sind somit kein Ersatz für Farbkasten oder Buntstifte, sondern eine interessante Ergänzung.

### Schreiben ohne Stift und Radiergummi

Als spezielles Schreibprogramm für Kinder hat sich im letzten Jahr *Creative Writer* etabliert. Zunächst hatten wir diesem Programm gegenüber große Bedenken. Was, so fragten wir uns, bringt die »Verniedlichung« echter Textverarbeitungsprogramme außer dem Versuch, die Kinder in ihre eigene kleine Welt zu verweisen? Nach wie vor halten wir normale Textverarbeitungsprogramme durchaus auch für kindertauglich. Dennoch: Das Arbeiten oder Spielen mit einem Programm wie *Creative writer* bietet eine Reihe zusätzlicher Gestaltungsmöglichkeiten, die über die übliche Textverarbeitung hinausgehen.

Das gesamte Schreibprogramm ist in einem virtuell begehbaren Gebäude untergebracht. In den einzelnen Stockwerken sind die verschiedenen Arbeitsmöglichkeiten angesiedelt, zum Beispiel für freie Texte, für Plakate und Karten oder für abrufbare Textvorschläge.

Begleitet wird man von der Comicfigur MacZee, die aber auf Mausklick hin jederzeit bereit ist, sich zurückzuziehen. Kernstück des Programms ist die Schreibwerkstatt, in der alle Arten von Texten geschrieben werden können. Die Menuauswahl präsentiert sich über Symbole wie Schere und Kleber fürs Ausschneiden, Kopieren und Einfügen; einer Hupe für den Sound; der schlauen Biene für Rechtschreibung und Wörterbuch (Thesaurus) oder dem War-nix-Ei zum Löschen einzelner Text- oder Bildteile.

Mit Umformer, Sticker, Malprogramm und verschiedenen Schriftarten kann der Text beliebig umgewandelt werden, entstehen Briefköpfe, individuelle Glückwunschkarten, Einladungen. Auch Referate für die Schule können ansprechend gestaltet werden.

Es ist möglich, sowohl gestalterisch als auch inhaltlich auf vorgefertigte Entwürfe zurückzugreifen, die das Programm anbietet. Der Satzomat würfelt, ähnlich zufällig wie ein Spielautomat, Satzteile zusammen, aus denen sich etwa der Anfang einer verrückten Geschichte basteln läßt. Zum Beispiel:

*Die rotwangige Radfahrerin mißversteht das unbemannte Raumschiff in seltenen Fällen mit schallendem Gelächter.*
Wir haben beobachtet, daß es Kindern leicht fällt, die Logik des Programms zu durchschauen. Sie erschließen sich den Zugang nach der bewährten Methode von trial and error, während Erwachsene oft schon zu sehr an »vernünftiges« Arbeiten gewöhnt sind und erst mal nach einem Handbuch Ausschau halten. Das aber gibt es nicht.
Als Programm bietet *Creative Writer* mehr, als das spielerische Ambiente auf den ersten Blick vermuten läßt: Dateien aus *Word*, vom *Editor* oder aus *Write* können übernommen und dann umgestaltet werden. Wen die Comiclandschaft bei der einfachen Texteingabe zu sehr stört, der kann also ohne Schwierigkeiten auf das schlichte *Write* zurückgehen und die gestalterischen Momente später einbringen. Auch *Windows* Standard-Grafiken und -Sounds können in *Creative Writer* importiert werden.
Dem Sound kommt dabei eine besondere Funktion zu. Für den ausgedruckten Text, die Geburtstagskarte oder die Schülerzeitung bringt er zunächst keinen Sinn. Beläßt man das Ganze jedoch im Computerkreislauf, unterstützt der Sound die Botschaft. Der Glückwunsch, die Einladung, vielleicht sogar ein Liebesbrief können an den Freund oder die Freundin per Diskette oder Modem geschickt werden. Im PC geladen und mit dem Zauberstab, dem Werkzeug, mit dem man die Töne zum Klingen bringt, angeklickt, wird die Botschaft auch zu einer akustischen Überraschung.
Ramon hatte vor einiger Zeit auf seinem Computer eine kleine Geschichte mit dem Textverarbeitungsprogramm *Word* geschrieben. Als er dann über *Creative writer* verfügte, übertrug er seinen Text in dieses Programm und machte aus seiner Geschichte eine Bildererzählung:

# Schraubenzahn

Sofie war sechs Jahre alt. Mit ihren Eltern wohnte sie in einem kleinen Dorf. Ihr Vater war Handwerker und ihre Mutter arbeitete als Schneiderin. Sofie war ein Mädchen, das alles wissen wollte und sie hatte ihren Vater  so lange bedrängt, bis er ihr endlich gezeigt hatte, wie ein Nagel gerade ins Holz gehauen wurde und wie man eine Schraube sicher festdrehte. Eines Abends gingen ihre Eltern aus. Sofie blieb allein zu Hause, sie war ja schon alt genug. Sie durfte sogar noch einige Zeit mit den Nachbarkindern spielen. Da es bereits begann, dunkel zu werden, kamen sie auf die Idee, sich als Vampire zu verkleiden. Doch die arme Sofie hatte vor kurzem erst ihre Eckzähne verloren, wie das bei Kindern in ihrem Alter so üblich ist und ein Vampir ohne Zähne macht nun wirklich keinen guten Eindruck. Da kam Sofie auf eine prima Idee. Sie holte aus dem Werkzeugschrank zwei goldene Schrauben und bohrte sie vorsichtig - so wie sie es gelernt hatte - in die beiden Löcher, die die alten Zähne beim Herausfallen hinterlassen hatten. Sie war die schönste Vampirin an diesem Abend. Als die anderen Kinder nach Hause gegangen waren, war Sofie so müde, daß sie nicht einmal mehr ans Zähneputzen dachte und vor dem Einschlafen  nur noch ihre Schuhe auszog.

In dieser Nacht träumte sie von einer wunderschönen goldenen Vampirkönigin. Ein komisches Gefühl hatte sie schon, als sie am nächsten Morgen aufwachte und ihre Zunge nicht den gewohnten Weg durch die Zahnlücke nehmen konnte. Sie lief ins Badezimmer  und schaute in den Spiegel. Dort sah sie ein verschlafenes Mädchen in dessen aufgesperrtem Mund zwei Schrauben glänzten. Erschrocken versuchte sie, die Schrauben zu lösen, aber es gelang ihr nicht. Sie saßen fest. Auch der Vater, schließlich ein Fachmann in solchen Dingen, konnte nicht helfen. Also ging sie mit Mutter zum Zahnarzt. "Einen solchen Fall haben wir noch nicht gehabt." sagte dieser erstaunt, nachdem er in Sofies Mund geschaut hatte.

Das heißt: *Creative Writer* kann von der ganzen Familie genutzt werden. Wer nicht beruflich auf professionelle Textprogramme angewiesen ist, wer auf Serienbriefe, Fußnoten und Adreßaufkleber verzichten kann, der kann sich mit diesem Programm durchaus anfreunden. In unserer Familie jedenfalls wird es von Kindern und Erwachsenen genutzt.

**Hast du Töne?**

Zum Thema Sound wieder ein einfaches Beispiel aus dem Alltag. Wie man Computersound ganz unspektakulär und effektiv einsetzen kann, demonstrierten unsere Kinder vor dem letzten Schulfest. In einer der Klassen sollte ein Dschungel entstehen, mit Pflanzen, (Plüsch-)Tieren und echten Dschungelgeräuschen. Die Ausstattung mit Pflanzen und Tieren war zu lösen, woher aber sollten die ganzen Tierstimmen kommen? Die Kinder hatten eine Idee: Sie schoben die CD-ROM *Brehms Tierleben* in das Laufwerk ihres Computers und suchten sich anhand der Liste mit den verschiedenen Tierstimmen solche aus, die ihrer Meinung nach zum Dschungel gehörten. Mit Hilfe des Programms und der vorhandenen Soundkarte mischten sie dann Vogelgezwitscher mit Tigerfauchen, Löwengebrüll und Affengeschrei. Ein weiteres Programm nutzten sie schließlich, um dieses Gemisch beliebig oft wiederholen zu können. Auf diese Art und Weise füllten sie eine Sechzigminuten-Kassette mit Dschungelsound. Neben den Pflanzen, den Plüschtieren und der Beleuchtung sorgte dann diese Kassette auf dem Fest für echte Dschungelatmosphäre.
Computersound läßt sich – ähnlich wie das oben erwähnte Hintergrundbild – im Computer in Form von Dateien ablegen und wird mit dem Öffnen verschiedener Programme automatisch aktiviert. Eine Zeitlang hatten sich unsere Kinder einen Spaß daraus gemacht, uns mit allen möglichen Geräuschen zu

überraschen. Beim Öffnen von *Windows* ertönten plötzlich Fanfarenstöße, bisweilen aber auch eher unappetitliche Laute oder der Hinweis, daß es keine besonders gute Idee sei, dieses Programm zu nutzen. Während diese Zeilen eingetippt werden, erklingt als Hintergrundmusik aus dem Computer Annie Lennox. Einmal gestartet, spult das Programm die Musik-CD endlos auf dem CD-ROM-Laufwerk des Computers ab.

Um eigene Musikstücke mittels Computer zu erstellen, braucht man zwar nicht unbedingt ein CD-ROM-Laufwerk, allerdings spezielle Musikprogramme, Soundkarte mit Boxen und ein angeschlossenes MIDI-fähiges Musikinstrument, in der Regel ein Keyboard. Diese Accessoires ermöglichen etwas, was bislang nur Profis konnten, nämlich selbst zu komponieren und zu arrangieren. Mit dem heimischen Computer können Kinder ohne musiktheoretische Kenntnisse durch einfaches Experimentieren am Bildschirm Melodien und Rhythmen erzeugen, verändern und sogar verschiedene Musikinstrumente bis zum eigenen Orchester zusammenstellen. Der Bildschirm zeigt das entsprechende Notenbild, die Boxen an der Soundkarte oder das MIDI-Gerät lassen den im Computer erzeugten Sound erklingen. Für den amerikanischen Bildungsforscher Seymour Papert ist dies ein Beispiel, wie sich der Computer positiv auf das Erlernen traditioneller künstlerischer Fertigkeiten auswirken kann. In einem Spiegel-Interview erklärte er dazu: »Wenn ein Kind auf diese Weise Spaß an Musik gefunden hat, weil es Melodie und Rhythmus begreift, will es oft auch ein Instrument spielen. So werden Kinder zum Musizieren animiert, die nie ein Instrument in die Hand genommen hätten.«[14]

Wir selbst haben die Erfahrung gemacht, daß das Sichtbarmachen und die beliebige Veränder- und Wiederholbarkeit der Musikstücke bei unseren Kindern ein bis dahin nicht gekanntes Interesse an Musik geweckt haben. Jede rhythmische oder melodische Unstimmigkeit steht unmittelbar für eine korrigierende Überspielung zur Verfügung. Undenkbar, daß solche direkte Erfahrung mittels Tonbandaufzeichnungen und Schnitten beziehungsweise mit Mischtechnik gemacht würden. Die technische Organisation einer solchen Prozedur würde kindliche Fähigkeiten so sehr beanspruchen, daß für musikalische Spielereien und Experimente kaum Luft bliebe. Mit dem Computer steht diese Technik per Mausklick bereit, und die Ergebnisse stellen sich unmittelbar der optischen und akustischen Überprüfung.

### Software – selbstgemacht

Ob Schreiben, Malen, Musik machen oder Spielen, immer muß der Computernutzer auf vorhandene, von Programmierern festgelegte Software zurückgreifen. Immer bewegt er sich auf vorgefertigten Bahnen, selbst wenn es scheint, als habe er unendlich viele Möglichkeiten. Will er diese Bahnen verlassen, heißt der nächste Schritt konsequenterweise, sich ein eigenes Programm zu schreiben. Und zwar mit Hilfe einer der verschiedenen Computersprachen.

Joscha hatte sich sehr bald dieser Aufgabe gestellt und zunächst mit *Basic* eigene kleine Programme geschrieben, schließlich *Pascal* und *Assembler* erprobt. »Eine Programmiersprache lernen, das ist wie Vokabeln pauken«, sagt er. Und das erfordert eine hohe Motivation. »Wie richtige Sprachen sind auch Computersprachen einander ähnlich – also wenn man Latein gelernt hat, versteht man schneller die französische Sprache, so ist das dann auch beispielsweise mit *Basic* und *Pascal*. Aber wenn ich eine Weile nicht damit gearbeitet habe, habe ich auch vieles wieder vergessen.«

Das Programmieren selbst war lange Zeit eine eher öde und stereotype Angelegenheit, und es gehörte schon viel Durchhaltevermögen dazu, wollte man eigene Programme schreiben. Und selbst das umfangreiche Ergebnis einer wochenlangen Programmiertortur verblaßte angesichts der faszinierenden Spielewelten, die Kinder von professionellen Computerspielen her kennen. Dem mußte irgendwann abgeholfen werden.

Nachdem Microsoft 1985 die bis dahin *Apple*-Computern vorbehaltene ›Graphische Oberfläche‹ mit dem Namen *Windows* für das DOS-Betriebssystem adaptiert hatte, trat ein Umdenken in vielen Programmschmieden ein. Ein buchdickes Skript an Befehlsfolgen in der damaligen Standard-Datenbank *dbase* mußte programmiert werden, um etwa eine Datenbankverwaltung für eine kleine Druckerei aufzubauen, insbesondere um einander bedingende Verknüpfungen zwischen den Daten zu formulieren. Datenbanken unter *Windows* machten sich dann zusätzlich das Prinzip der grafischen, also sichtbaren Zuordnungsmöglichkeiten dieses Systems zunutze, und Verknüpfungen mußten nicht mehr mit den Worten der jeweiligen Programmiersprache ausgedrückt werden. Jetzt konnte per »drag & drop«, das heißt: »ziehen & loslassen« (per Maus) die gleiche Verbindung hergestellt werden.

Ein Computerspiel kann letztlich auch als eine Aneinanderreihung von Szenen und Handlungsalternativen betrachtet werden, stellt also eine riesige Datenbank dar, deren Verknüpfungen zum großen Teil durch die Programmierer vorformuliert sind, in die der Spieler aber auch punktuell spielend eingreifen kann.

Softwarehersteller haben deshalb eine Datenbank einmal nicht mit Postleitzahlen, Telefonnummern oder Buchungsdaten gefüllt, sondern mit Bildhintergründen, Figuren und deren einzelnen Bewegungsabläufen und schließlich auch mit Sounds, die Bausteine für die Komposition eigener Spielwelten sein können. Hier einige Beispiele:

Der englische Marktführer im Bereich Lernsoftware, *europress,* preist das Produkt seines Hauses als den »einfachsten Game-Creator auf der Welt« an, nämlich *Klik&play*. Und in der Tat wird in diesem Programm die Möglichkeit, ein eigenes Spiel

zusammenzubauen, zum zentralen Element, so wie wir es etwa von Flippersimulationen als kleiner zusätzlicher Beigabe schon kennen.
Anders als das selbstgebaute Flipper scheint dieses Programm hinsichtlich der Vielfalt der denkbaren Spielarten und Spiele allerdings keine Grenzen zu kennen. Als Appetithappen liegen dem Programm schon einige Spielvarianten bei, etwa Fußballspiel und Autorennen als Sportsimulationen, Geschicklichkeitsspiele und sogar ein Mini-Adventure namens *Romeo und Julia*. Der Spieler kann von diesen fertigen Spielen ausgehen und sie modifzieren, erweitern oder ganz und gar umarbeiten. Er kann aber auch bei Null anfangen und sich aus den riesigen Bibliotheksbeständen des Programms die Bausteine seiner Wünsche auf den Monitor klicken. Das können Bildhintergründe, Figuren, Ausstattungsobjekte sein und natürlich ein passender Sound. Mit diesen *Tools* stellt sich der Spieler eigene Spielszenen und Levels zusammen, die in einem sogenannten Drehbuch automatisch im Hintergrund aufgezeichnet oder umgekehrt anhand eines erstellten Drehbuchs nach und nach entwickelt und angefügt werden. All diese Komponenten sind aber auch völlig frei gestaltbar – müssen also nicht dem programmeigenen Fundus entnommen werden – oder lassen sich aus anderen Windowsapplikationen importieren.
Den Figuren haucht der Spieler in kleinen Animationssequenzen scheinbar Leben ein, indem er sie laufen, springen und tönen läßt. Dabei ist allerdings die Feinarbeit eines Comiczeichners gefragt, denn der Bewegungsablauf wird, in einzelne Pixelbilder seziert, pixelweise aufbereitet. In schneller Folge abgespielt, ähnlich wie bei einem Film, werden die Bilder wie eine bruchlose Bewegung wahrgenommen.
Das Spielen der selbstgefertigten Werke erfüllt Kinder mit Stolz und Genugtuung, das eigentlich Faszinierende an *Klik&play* ist letztlich aber der Weg dorthin. Die Gestaltung eines eigenen

Spiels wird zum kreativen Erlebnis: Eine Story wird gesponnen, die Figuren und Handlungsräume werden gesucht oder erdacht und realisiert, mögliche Spielvarianten gegeneinander abgewogen, wieder verworfen, weiterentwickelt, und jede Entwicklungsstufe ist ein kleines Adventure für sich.

In traditionellen Programmiersprachen ist die präzise Anwendung abstrakter Codes erforderlich, selbst wenn nur ein simpler Lichtpunkt auf dem Monitor mit den Cursortasten gesteuert werden soll. *Klik&play* räumt mit solchen Programmierbarrieren auf und öffnet den Computer auch schon für ganz junge Programmierer, weil genau das ins Programm geschrieben wird, was sie mit der Maus gerade sichtbar auf dem Bildschirm anrichten. Um zu einem interessanten Ergebnis zu kommen, muß nicht ein einziges Wort getippt, geschweige denn ein Befehl irgendeiner Programmiersprache eingetippt werden.

Gleichwohl hat *europress* jedem Icon einen kurzen Hilfstext angeklebt, der beim Anklicken der jeweiligen Symbole (Buttons) lesbar wird. Nach unseren Beobachtungen legen Kinder auf diese Hilfen nur anfangs Wert. Dann stöbern sie viel lieber nach der Methode von Versuch und Irrtum im Programm herum und testen, was dabei herauskommt. Dabei sind die Blasen mit den Hilfstexten dann eher lästig.

Die Qualität dieses Programms liegt unserer Meinung nach in den Möglichkeiten der komplexen Nutzbarmachung des Computers durch die Kinder. Es geht in diesem Spiel überhaupt nicht darum, von Programmierern in ein Spiel hineinprogrammierte Aufgaben oder Levels zu lösen und zu erkunden, sondern eine eigene Spielidee mit Hilfe der Komponenten, die der PC zur Verfügung stellt, zu kreieren. Beiläufig können Texte editiert, Grafiken erstellt und modifiziert, Sounds arrangiert oder verbunden werden, und schließlich versuchen die Spieler sehr konzentriert, ein Planungsziel zu erreichen oder eine Idee umzusetzen.

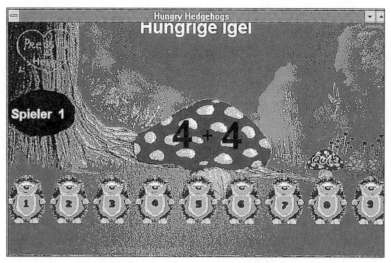

*Klik & play*

Die Installation von *Klik&play* unter *Windows* erfolgt problemlos von der CD-ROM, greift aber mit weit über 30 MB gnadenlos auf die Festplattenressourcen zu, wenn nicht direkt von der CD-ROM gearbeitet werden soll. Die vom Verlag definierten Ausstattungsmerkmale der Hardware, nämlich ein 386er Prozessor mit 4 MB RAM, sind wirklich kein Deut mehr als die Mindestausstattung, die jedoch noch keinen Spaß am Spiel aufkommen läßt. Dieser Ressourcenhunger schließt leider einen Großteil der möglichen jungen Programmierer aus, weil ihre Ausstattungen nicht reichen.

Mit ähnlichen Werkzeugen, aber bei weitem nicht so umfassend und pointiert auf die Erstellung von Spielen konzipiert, ist die CorelDraw-Beigabe unter dem Namen *CorelMove* am Markt. Großanbieter wie *VOBIS* legen das CorelDraw-Paket zeitweise so selbstverständlich wie ein Betriebssystem jedem neuen Rechner bei. Und wer sich beharrlich durch das umfangreiche Grafikprogramm *CorelDraw* hindurchklickt, stößt schließlich auf dieses kleine Programm im Programm. Hier werden die in CorelDraw entworfenen Monster oder Helden virtuell auf die Beine gestellt und in Bewegung gesetzt. Gedacht und gemacht für verkaufsfördernde oder erklärende Präsentationen in den Bereichen Marketing, Schulung oder Information, bietet dieses Programm auch losgelöst von den genannten nutzvollen Anwendungsmöglichkeiten dem Kurzweil und Unterhaltung suchenden Computerspieler eine Plattform für Kreativitätsschübe: die Ankündigung eines Fußballturniers oder einer Schultheateraufführung für den Herzenspartner einmal nicht schwarz auf weiß im Couvert, sondern digitalisiert auf Diskette oder per Modem. Die Bedienung dieses Programms ist allerdings etwas komplizierter als bei *Klik&play* und führt auf entsprechend verschlungeneren Pfaden zu den gewünschten Ergebnissen. Kinder vor dem Teenie-Alter könnten deshalb schnell die Lust verlieren.

Den ganz entschieden mächtigeren und alles umfassenden Creator bietet die Firma *Borland* mit *Delphi für Windows* an. Dieses Programmierwerkzeug, entwickelt für das Schreiben von Programmen auch höchster Komplexität, ist durch die Möglichkeit, die Dinge unter *Windows* sichtbar miteinander zu verbinden und die entsprechenden Bedingungen zu formulieren, auch zum Arbeiten für jedermann ideal. Wie mit einem Magneten zieht der Anwender alle denkbaren Bausteine aus den verschiedensten *Windows*programmen, komponiert sie, verändert sie, nutzt programmeigene Segmente oder entwickelt neue. Das können auch Filmszenen oder Sounds, Bilder, Texte, Fotos oder Geräusche sein. Das selbst zusammengefügte Werk verwandelt ein integrierter *Compiler* in eine sogenannte exe-Datei. Eine Datei mit dem Attribut *.exe* ist ein Selbstläufer, d. h., sie wird auf der DOS-Ebene oder unter *Windows* aufgerufen und startet und entfaltet ganz von selbst, was in ihr steckt, oder hier: was einmal unter *Delphi für Windows* in sie hineinprogrammiert wurde.

Ein echtes Profiwerkzeug wie *Delphi für Windows* in der Preiskategorie von etwa zwei guten Computerspielen, das interessierten Jugendlichen eine Spielwiese bis fast an die Grenzen ihrer Phantasie bietet, durchbricht auch die Grenzen des üblichen Spielverhaltens am Computer. Ein Programm, das auch dann noch interessant bleibt, wenn so manches Actionspiel schon längst im hintersten Winkel der Festplatte verstaubt ist, und das ganz nebenbei auch als solide Datenbank etwa für die CD-ROM-Verwaltung taugt.

Diese drei Programme sind für Kinder und Jugendliche, die auf reaktive Computerspiele eingestellt sind, ganz gewiß schwere Kost, weil sie darin mit den ungeahnten Möglichkeiten des Rechners konfrontiert werden. Sie stellen, ganz anders als Computerspiele, keinen festgefügten Spielrahmen dar, der gemäß der Spielregeln durchgespielt werden muß. Das kann, vor allem anfangs, wie eine Nachtwanderung ohne Taschenlampe verlaufen: man sieht nichts aber stolpert ständig über irgend etwas. Wer hier vor lauter Bäumen den Wald nicht sieht, holt sich Rat und Hilfe aus dem vorzüglichen Handbuch.
Kinder, die sich durch die Vielfalt nicht beirren lassen, sondern sie sich schrittweise erschließen, finden in einem solchen Spiel die gesuchten Freiräume. Denn nur die Begrenztheit der eigenen Ideen und der zur Verfügung stehenden Hard- und Software-Techniken regelt in einem solchen Creativ-Spiel den Verlauf. Und wer sich auf dieses Spiel einläßt, wird sehr bald entdecken und erleben, zu welch einmaligen und erstaunlichen Ergebnissen Spielereien führen können. Und nebenbei werden die verschiedenen Möglichkeiten des Computers ständig besser beherrscht und genutzt.

Zum besseren Überblick hier noch einmal die Liste der von uns empfohlenen Kreativprogramme zum Malen, Gestalten, Schreiben, Programmieren und Musikmachen mit Herstellerfirmen:

*Creative Writer.* Microsoft
*Fine artist.* Microsoft
*Orpheuz Ezpad.* Pearl Agency
*Klik & play.* Europress Software
*CorelDraw.* Corel Corporation Limited
*Delphi.* Borland
*Cubasis.* Steinberg
*Music Station.* Steinberg

# Ein Blick über den Tastaturrand

## Information in der Zwei-Klassen-Gesellschaft

Ein Stichwort fehlt bisher, das mittlerweile zu einem außerordentlich beliebten Terminus avanciert ist: die Datenautobahn, oder besser, der Daten-Highway. Der Weg in die weltweit vernetzte Informationsgesellschaft wird derzeit geebnet. Doch stellt sich die Frage: für wen? Es wird von der größten Wissensexplosion seit Erfindung des Buchdrucks geschwärmt. Mit dem nötigen Equipment, also mit PC, Modem und Telefonleitung, kann man heute an internationalen Diskussionen teilnehmen, aktuell auf globale Informationen zugreifen, in ungezählten Datenbanken unendlich viele Nachrichten abrufen. Die Informationsgesellschaft, so scheint es, erlaubt jedermann den Zugang zu Wissen und Daten, ohne die oft beklagte Hemmschwelle von Bibliotheken oder Buchhandlungen.

Die tatsächliche Hemmschwelle jedoch ist eine ganz andere: eine, die letztlich vom Portemonnaie diktiert wird. Wer nämlich kann sich das entsprechende Equipment und die durchaus nicht geringen monatlichen Kosten für die Netzzugänge eigentlich leisten? Auffahrten zum Informationshighway gibt es nur in einigen Großstädten. Alle, die fernab dieser Großstädte leben, und das sind viele, müssen zusätzlich die teureren Fernverbindungsgebühren zahlen. Und allein schon beim Stöbern im Netz, geschweige denn beim aktiven Datenaustausch addieren sich die On-line-Stunden zu stattlichen Monatsrechnungen, die die Budgets durchschnittlicher Haushalte sehr schnell überschreiten können.

Die Möglichkeiten, die durch die internationale Vernetzung entstehen, sind einerseits gigantisch. Andererseits aber öffnet

sich durch die neuen Technologien die Schere zwischen arm und reich, zwischen oben und unten immer weiter. Eine öffentliche Diskussion über dieses Problem ist überfällig, und es stellt sich die Frage nach der sozialen Verantwortung der Gesellschaft gegenüber all ihren Mitgliedern. Das bedeutet, daß eine demokratisch organisierte Gesellschaft allen ihren Mitgliedern den Zugang zu diesen Informationen sichern muß, zum Beispiel über öffentliche Einrichtungen wie Schulen und Volkshochschulen, Museen oder Bibliotheken. Die amerikanische Regierung hat dazu immerhin ein Grundsatzpapier erarbeitet, in dem es heißt: »Das Prinzip der Fairneß gebietet es, daß die Nation keine Spaltung in Informationsarme und -reiche akzeptieren kann. Es muß ein modernes Konzept für die Versorgung entwickelt werden, eines, das allen Amerikanern, die es wünschen, möglich macht, Zugang zu fortschrittlichen Telekommunikations- und Informationsdiensten zu erhalten, unabhängig von Einkommen oder ihrem Wohnort.«[15] Bis zum Jahr 2000 sollen in Amerika alle Schulen, Bibliotheken und Krankenhäuser an die Datenautobahn angeschlossen werden. Wie und ob diese Grundsätze und Forderungen in einem Land, das nicht einmal dem Anspruch der allgemeinen existentiellen Grundversorgung gerecht wird, eingelöst werden kann, bleibt fraglich. Interessant aber ist zunächst einmal, daß das Problem erkannt und öffentlich diskutiert wird. Nach ähnlichen offiziellen Aussagen sucht man hierzulande nämlich beinahe erfolglos. Einer der immer wieder eine kulturelle Debatte über die zukünftige Informationsgesellschaft fordert, ist der bildungs- und forschungspolitische Sprecher der SPD, Peter Glotz. Seine These: Der richtige Umgang mit der Technik müsse bereits im Kindergarten beginnen. »Wer im Jahr 2000 keinen PC bedienen kann, wird zu der Gruppe der Analphabeten zählen.«[16]
Die Frage, ob Kinder überhaupt, und wenn ja, für wie lange, am Computer sitzen dürfen, ist durch die tatsächliche Entwicklung bereits überholt. Moralisierende Diskussionen über »zuviel

Computer für Kinder« und »zu viele Computerspiele« verlieren an Bedeutung und lenken eher ab von den wirklichen Aufgaben und Problemen, die durch den breiten Einsatz der Computer auf unsere Kinder zukommen: nämlich die Einteilung der Gesellschaft in zwei Klassen, in Informierte und in Nichtinformierte, in solche, die Zugang zu Wissen und Fortschritt haben, und solche, die außen vor bleiben. Unsere demokratisch verfaßte Gesellschaft muß sicherstellen, daß ihre Mitglieder ihre individuellen, politischen und gesellschaftlichen Kompetenzen gemäß ihren Vorstellungen und Möglichkeiten umsetzen können. Und dazu gehört auch der kompetente Umgang mit dem Computer und seinen Chancen als einem ebenso selbstverständlichen Arbeits- oder Unterhaltungsmittel wie Buch, Bleistift, Schraubenzieher oder Telefon und Fernseher.
Diese Forderung richtet sich keineswegs nur an Bildungs- und Kommunikations-Politiker. Sie richtet sich an alle mit jungen Menschen befaßten Einrichtungen wie Freizeitzentren, Vorschulen und natürlich in der Hauptsache alle Schulen und Hochschulen. Kommt dann die Unterstützung durch die Eltern dazu und leistet die Industrie ihren Beitrag mit preiswerten und leistungsstarken Schulcomputern sowie mit sinnvollen und spannenden Programmen, die Anreize bieten, mit dem Computer zu experimentieren und zu probieren, dann haben Kinder die Chance, sich Kompetenzen und Erfahrungen an diesem Werkzeug zu erspielen und zu erarbeiten.

# Anhang

# Anmerkungen

1  Hartmut von Hentig: Die Flucht aus dem Denken ins Wissen: In: Fankfurter Allgemeine Zeitung, 16. 8. 1993
2  Seymour Papert: Lernen, Leben und Lieben (Interview). In: Der Spiegel, 9/1994
3  Hartmut von Hentig: Wir brauchen Leser. Wirklich?. Konstanz 1990
4  DIE ZEIT, Nr. 51, 16. 12. 1994
5  Seymour Papert: Kinder, Computer und neues Lernen. Basel 1985
6  Seymour Papert: ebenda
7  Heike Rautenhaus: Telekommunikation im Englischunterricht. Carl-von-Ossietzky-Universität Oldenburg, Zentrum für pädagogische Berufspraxis, Oldenburg 1993
8  Frederic Vester: Denken, Lernen, Vergessen. Stuttgart 1975
9  Willi van Lück: Multimedia – eine Chance für handlungs- und zukunftsorientiertes Lernen. Soest 1995
10  Philippe Ariès: Geschichte der Kindheit. München 1980
11  John Locke: Gedanken über Erziehung. Langensalza 1883
12  Walter Benjamin: Über Kinder, Jugend und Erziehung. Frankfurt/Main 1969
13  Jürgen Fritz et al.: Im Sog der Computerspiele. In: Computer- und Videospiele pädagogisch beurteilt. Herausgegeben von der Bundeszentrale für politische Bildung, Bonn 1993
14  Seymour Papert: Lernen, Leben und Lieben (Interview). In: Der Spiegel, 9/1994
15  DIE ZEIT, Nr. 25, 16. Juni 1995
16  In: Computerwoche. 28. 7. 95

# Adressen

ACOS – Arbeitsgemeinschaft Computer & Spiel, Dauphinstraße 78, A-4030 Linz
ComPäd e.V., Rehbergstraße 78, 30173 Hannover
Impulse – Schule und Wirtschaft e.V. Lessingstraße 25, 30916 Isernhagen, CompuServe 100557.2203, Internet contis.gerwin.net! wvogels
Landesinstitut für Schule und Weiterbildung, Beratungsstelle für neue Technologien, Paradiesweg 64, 59494 Soest
Senatsverwaltung für Jugend und Familie, Spieleberatung, Rungestraße 20, 10179 Berlin

# Informationen und Literatur

BPS aktuell. Amtliches Mitteilungsblatt der Bundesprüfstelle für jugendgefährdende Schriften, Kennedyallee 105–107, 53123 Bonn. Hier kann u. a. eine Liste indizierter Computerspiele angefordert werden, die wir aufgrund des Werbeverbots hier leider nicht veröffentlichen dürfen.

Computerspiele auf dem Prüfstand, empfohlen von Wolfgang Fehr und Professor Jürgen Fritz. Informationsdienst der Bundeszentrale für politische Bildung, Referat Medien 20, Postfach 2325, 53013 Bonn

Computer- und Videospiele – pädagogisch beurteilt. Herausgegeben vom Jugendamt der Stadt Köln, Johannisstraße 66–80, 50668 Köln (Schutzgebühr: 6 DM)

Search & play, Datenbank für Computerspiele. Entwicklung: Friedemann Schindler. Herausgegeben von der Bundesanstalt für politische Bildung, Postfach 2325, 53013 Bonn

## Wöchentliche Radiosendungen

*Montags*
Radio ffn, 14.40 Uhr: Der kleine Computer, Tips für Anwender
Radio Hamburg, 17.00 Uhr: Chipsfrisch
Radio Mainwelle, 17.40 Uhr: Computerecke

*Mittwochs*
NDR 2, 19.05 Uhr, club online

*Donnerstag*
SDR 3, 18.00 Uhr: Point – mit Spiele-Tip

*Samstag*
WDR 5, 10.45: Ratgeber Computer
Deutschlandfunk, 16.30 Uhr: Forschung aktuell: Computer und Kommunikation

# Glossar

**Absturz**
oder Crash ist ein unbeabsichtigter Ausstieg aus einem →Programm. Führt zu meist zeitaufwendigen Rekonstruktionsbemühungen und zehrt am Vertrauen in die Vollkommenheit von →Soft- und →Hardware, aber auch in die eigene Kompetenz.

**Adapter**
→Steckkarte

**Anwendung**
oder Anwendungsprogramm oder Applikation ist ein →Programm für eine bestimmte Aufgabe, etwa →Textverarbeitung oder →Datenbank. Die Zahl der Anwendungen für PC ist kaum mehr überschaubar und läßt sich grob in professionelle, also berufsbezogene, und freizeitbezogene Anwendungen, also Spiele, unterteilen.

**Arbeitsspeicher**
oder →RAM, flüchtiger Speicher für alle Lese- und Schreibvorgänge. Alle Programme laufen hier ab und werden zwischengespeichert, solange der Rechner läuft, sind aber unwiderruflich verloren, wenn sie vor dem Abschalten oder →Absturz nicht auf einem permanenten →Speicher gesichert wurden. Im IBM-kompatiblen PC mit →DOS als →Betriebssystem werden 0 bis 639 →KByte direkt genutzt. →Speichermanager und →Windos ab Version 3.0 öffnen auch (teilweise) den Bereich von 640 bis 1023 Kbyte (Upper Memory Area) Rechner mit mehr als 1 →MB RAM machen also erst seit diesen Betriebssystemen Sinn. →OS/2, →Windows NT und →Windows '95 kennen solche DOS-gebundenen Segmentierungen des Arbeitsspeichers nicht mehr. Für sie gilt uneingeschränkt: je mehr RAM – desto effektiver, und fertig werden sie mit bis zu 4 →Gbyte.

**ASCII-Code**
American Standard Code of Information Interchange ist eine Verschlüsselung (Codierung) von Schriftzeichen, hauptsächlich des Alphabets, mittels 8 →Bit und ist für die Zeichen von 32 bis 126 identisch mit dem unter Windows gültigen ANSI-Code (American National Standard Institute). Sogenannte ASCII-Dateien sind reine Textdateien, die ausschließlich ASCII-Zeichen beinhalten, es fehlen also die für das jeweilige Programm charakteristischen Steuerzeichen zwecks Gestaltung, Ausschmückung oder Ausdruck des Textes. Sie sind deshalb von jeder Textverarbeitung und jedem Editor erstellbar und lesbar und eignen sich daher optimal, um Textdateien auf das Wesentliche zu verkleinern und zwischen verschiedenen Textverarbeitungsprogrammen auszutauschen.

**autoexec.bat**
→Batch-Datei, die beim →Booten des Computers selbständig von →DOS gestartet wird und eine Reihe sogenannter Konfigurationsparameter enthält, die ausstattungsspezifisch das →Betriebssystem und die →Hardware aufeinander abstimmen und damit den PC für bestimmte →Anwendungen vorbereiten. Die Befehle können auch einzeln und nach Bedarf eingegeben werden. Siehe auch →config.sys.

**Backup**
→Datensicherung

**BASIC**
Beginners All-purpose Symbolic Instruction Code (Allzweck-Programmiersprache für Anfänger) ist eine vergleichsweise leicht erlern- und anwendbare Programmiersprache, die →MS-DOS beiliegt und inzwischen von →Microsoft in Form von Visual-BASIC an die graphisch orientierten Arbeitsweisen z.B. unter →Windows angepaßt wurde. Im professionellen Bereich wird BASIC hauptsächlich wegen mangelnder Übersichtlichkeit und unzureichender Arbeitsgeschwindigkeit der in BASIC geschriebenen Programme nur noch selten eingesetzt.

**Batch-Datei**
(englisch: Stapel) Stapeldatei mit der →Dateierweiterung BAT kann mit einem Text- →Editor erstellt werden und enthält mindestens einen einzigen, in der Regel aber eine Reihe von Befehlen, die das →Betriebssystem nach Aufruf der Batch-Datei abzuarbeiten hat. →autoexec.bat.

**Betriebssystem**
oder Operating System, bezeichnet eine Ansammlung von einzelnen →Programmen, die einen →Computer nach dem Start in die Lage versetzen, 1. das Computersystem zu verwalten (z.B. Löschen, Anlegen, Kopieren von →Dateien und →Verzeichnissen sowie →Formatieren von →Datenträgern und die Abstimmung zwischen Betriebssystem, Rechner und den gewünschten →Anwendungen) und 2. →Anwendungen lauffähig zu machen. Die bekanntesten Betriebssysteme für →IBM-kompatible PCs sind MS-DOS, Novell-DOS und PTS-DOS (aus Rußland) sowie →OS/2, Windows NT und →Windows '95.

**Big Blue**
(Großer Blauer) eine scherzhafte Bezeichnung (in Anspielung auf Größe und dominierende Firmenfarbe) von →IBM

**BIOS**
oder ROM-BIOS. Read Only Memory, also der Nur-Lese-Speicher, der einmal gespeicherte Daten behält und keine Veränderungen zuläßt. Das im ROM gespeicherte BIOS (= BasicInputOutputSystem, d.h. grundlegendes Eingabe-Ausgabe-System) tritt unmittelbar nach Start des Rechners in Aktion und bringt die →CPU dazu, das →Betriebssystem abzurufen.

**Bit**
Wortschöpfung aus BInary digiT, was Binärstelle bedeutet und die kleinste Informationseinheit in einem Rechner bezeichnet, die aus einem Element besteht, für das nur zwei Zustände möglich sind: die 1 oder die 0. 8 Bit bilden 1 →Byte (siehe auch ASCII-Code).

**booten**
›hochfahren‹, zu deutsch: Das Starten eines Rechners und Laden des →Betriebssystems zum Arbeits- oder Spielbeginn, aber auch nach jedem →Warmstart oder →Reset infolge eines →Absturzes.

**Borland**
Amerikanisches Softwarehaus, das gegen Mitte der achtziger Jahre die leistungsfähige und preiswerte Programmiersprache Turbo Pascal präsentierte. Es folgten C (2) und

C++ sowie Turbo Basic und Turbo Prolog. Ebenso die →Datenbank Paradox und das →Spread-Sheet Quattro Pro, das inzwischen über WordPerfect bei Novell gelandet ist. Borland will sich nach mageren Jahren wieder auf Programmiersprachen und Datenbanken konzentrieren.

**Bus**
bezeichnet die Übertragungsleitungen im Computer zwischen →Prozessor, →Arbeitsspeicher und →Steckplätzen. Die Leistungsfähigkeit des Busses hängt ab von der Busbreite und meint die Anzahl der →Bits, die gleichzeitig übertragen werden können. Die gängigen Bus-Typen für IBM-kompatible PCs sind AT-Bus (16 Bit), Microchannel, EISA-Bus und VESA Localbus (alle drei mit jeweils 32 Bit) und der mit dem gegenwärtig günstigsten Preis-Leistungsverhältnis ausgestattete →PCI-Bus mit 32 bzw. 64 Bit.

**Byte**
Kunstwort aus bite (Happen oder Biß) für die Bezeichnung der Informationseinheit aus 8 →Bit, die $2^8 = 256$ verschiedene Kombinationen ermöglicht und Grundlage für den →ASCII-Code ist.

**CD-ROM**
Compact Disk – Read Only Memory. Handliche Scheibe mit Nur-Lese-Speicher, kurz: »CeDe«. Überzeugt durch hohe Speicherkapazität und relative Unverwüstlichkeit, sprich: Datensicherheit.

**Chip**
elektronischer Baustein, der mehrere Millionen integrierte Schaltkreise enthalten kann und mittels sogenannter Pins (›Beinchen‹) direkt auf einer Platine angelötet oder in einen angelöteten Sockel eingesteckt wird und somit leicht austauschbar ist, z.B. →Prozessoren und Elemente des →Arbeitsspeichers (RAM). Chips sind in unserer Familie aber auch knusperfrisch direkt aus der Tüte (und somit zusätzlich als Teekesselchen im gleichnamigen Spiel während langer Autofahrten) sehr beliebt.

**CompuServe**
eigentlich: CompuServe Information Service (CIS), ein weltweit betriebenes Kommunikationssystem (→Online-Dienst) mit ca. 2,5 Millionen Teilnehmern, davon gut 100 000 in Deutschland. Geboten werden aktuelle Zugriffe auf die Meldungen von Nachrichtenagenturen, Wetter- und Börsendiensten, aber auch Datenbanken aus Wirtschaft und Politik. Die Diskussionsforen sind überwiegend in englischer, zunehmend auch in deutscher Sprache.

**Computer**
direkt aus dem Englischen (to compute = rechnen) adaptiert und vor langer Zeit dorthin aus dem Lateinischen übernommen (computator = Rechner oder Berechner). Eine Maschine zur elektronischen Datenverarbeitung (EDV), zu der mindestens ein →Prozessor und ein →Arbeitsspeicher, eine →Tastatur, ein →Monitor und/oder →Drucker und ein →Datenträger gehören.

**config.sys**
CONFIGuration SYStem file ist eine beim Booten ausgeführte Datei unter →DOS und →OS/2, die eine Reihe sogenannter Konfigurationsparameter enthält, die ausstat-

tungsspezifisch das →Betriebssystem und die →Hardware aufeinander abstimmen und damit den PC für bestimmte →Anwendungen vorbereiten. Siehe auch →autoexec.bat.

**Controller**
oder Platten- oder Floppy-Controller (Aufseher) ist eine →Steckkarte in einem →Steckplatz der →Systemplatine zur Steuerung von →Datenträgern. Standard sind AT-Bus (→Bus)-Controller und →SCSI-Controller.

**CPU**
Central Processor Unit oder Mikroprozessor oder →Prozessor

**Datei**
oder File, in Analogie zu ›Kartei‹ gebildet, umfaßt eine Ansammlung von Daten, die unter gleichem, achtstelligem Namen (= Dateinamen) und der →Dateierweiterung aus maximal 3 Zeichen abgespeichert werden. Die meisten Programme vergeben die Erweiterung des Dateinamens selbständig, und dem Anwender verbleiben somit spärliche 8 frei definierbare Zeichen. →OS/2, →Windows NT und Windows 95 verarbeiten bis zu 255 Zeichen lange Dateinamen.

**Dateierweiterung**
oder Extension oder Erweiterung oder Suffix oder Dateiformat, meint die bis zu drei Zeichen hinter dem Punkt des Dateinamens unter →DOS. Sie dient in der Regel dazu, bestimmte Dateitypen aufgrund ihrer einheitlichen Struktur bestimmten →Programmen zuzuordnen. Gelegentlich auch trotz gleicher Erweiterung nicht identisch aufgebaut (mit ^ gezeichnet), z.B.:

| | |
|---|---|
| ASC | →ASCII-Datei |
| AVI | Video-Datei unter Windows-Programmen |
| BAK | ^ i.d.R. Sicherungsdatei einer →BAT-Datei |
| BAS | →Basis-Datei |
| BAT | →Batch-Datei |
| BMP | Grafik-Datei unter Windows-Programmen |
| CDR | Grafik-Datei unter CorelDraw |
| CFG | ^ Konfigurations- (oder Initialisierungs-)Datei |
| COM | Programm-Datei |
| DAT | ^ Daten-Datei |
| DB(F) | ^ Daten-Datei |
| DLL | Programm-Datei unter Windows |
| DOC | ^ Textdatei |
| DRV | Druckersteuerungs-Datei unter Windows |
| EXE | Programm-Datei |
| GIF | Grafik-Datei |
| HLP | ^ Hilfe-Datei |
| HYC/HYP | Trennbibliothek-Datei |
| ICO | Symbol-Datei unter Windows |
| INI | ^ Initialisierungs- (oder Konfigurations-)Datei |
| MID | →MIDI-Datei |
| PCX | Grafik-Datei |
| PIF | Programminformations-Datei unter Windows |
| PRN | →Druck-Datei |

SAM        Text-Datei unter →Textverarbeitung
SIK        ∧Sicherheits-(Kopie-)Datei
SYS        System-Datei unter →DOS oder →OS/2
TIF        Grafik-Datei
TMP        ∧temporäre (zeitweise benötigte und vorhandene) Datei
TTF        Schrift-Datei unter Windows
TXT        ∧Text-Datei
VOC        Sound-Datei unter Soundplaster
WAV        Sound-Datei unter Windows
WRI        Text-Datei unter Windows-Write

**Datenbank**
1. →Programm zur Erfassung, Speicherung, Verwaltung und Ausgabe von Datensätzen, etwa in Form von Adressen, Kontoständen, Untersuchungsreihen, Bibliotheksbeständen, u. ä. und
2. mittels der Datenbank erfaßte Datenbestände.
Bekannte Datenbanken sind z.B.: dBase und Paradox von Borland sowie Fox Pro von Microsoft.

**Datenbus**
→Bus

**Datensicherung**
oder Backup oder Sicherheitskopie der Datenbestände, im PC in regelmäßigen Abständen durchgeführt, trägt dem Tatbestand Rechnung, daß kein System hundertprozentig arbeitet und ein katastrophaler Datenverlust nach einem →Absturz sich durch die vorhergehende Datensicherung verhindern läßt. In modernen Betriebssystemen, aber auch in →Datenbanken, →Textverarbeitungen und →Spread-Sheets in der Regel integriert oder in leistungsfähigeren Varianten, etwa in Zusammenhang mit einem sogenannten →Streamer im Handel, einem →Datenträger auf Magnetbandbasis.

**Datenträger**
ist das Speichermedium, auf dem →Dateien dauerhaft gespeichert werden. Am PC sind das hauptsächlich →Diskette, →CD-ROM, →Magnetband und →Festplatte.

**Datex-J**
DATa EXchange Jedermann: Datenaustausch für jedermann (früher BTX oder BildschirmTeXt) ist ein Kommunikationssystem (→Online-Dienst) der Telekom mit knapp 800000 Teilnehmern in Deutschland. Im Angebot sind:
– Zugriffe auf Datenbanken aus Wirtschaft, Politik, Presse und Kultur (z.B. Fahrpläne, Verzeichnisse, Zeitungsartikel);
– Kontoführung bei Banken und Sparkassen (Home Banking);
– Bestellungen im Versandhandel (Home Shopping);
– Laden von aktueller Software (Download);
– Teilnahme an Diskussionsforen und
– Versenden bzw. Empfangen von Nachrichten (E-Mail).

**digital**
hat in die Sprache der elektronischen Datenverarbeitung Eingang gefunden, weil es einen unmißverständlich definierten Zustand beschreibt: ja oder nein, an oder aus, eins

oder null. Zwischenwerte wie »fast an«, oder: »knapp über« sind in der digitalen Schreibweise (im Gegensatz zur analogen) nicht möglich. Die Übersetzung des Christuszitats gemäß der Bibel lautet demnach im Zeitalter der Elektronik: Eure Rede sei auf jeden Fall digital, denn das Analoge ist vom Teufel (frei nach Mattäus 5, 37)

**Diskette**
runde Plastikscheibe mit doppelseitiger Beschichtung aus magnetisierbarem Material in quadratischer Schutzhülle. Im →Laufwerk zu lesen und zu beschreiben. Gebräuchlich in den Formaten $5^1/_4$ Zoll (1,2 →MB) und $3^1/_2$ Zoll (1,4 →MB) mit Tendenz zum kleineren Format und höheren Speichervermögen.

**DOS**
Disk Operating System, d.h. von der Scheibe (genommenes) →Betriebssystem für →IBM-kompatible PCs. Am häufigsten unter dem Label ›MS-DOS‹ von →Microsoft vermarktet und trotz mancher Kraftakte der Großen in der Branche, endlich ein Betriebssystem zu entwickeln, auf dem alle bisherigen DOS- und Windows-Anwendungen ohne den DOS-eigenen 640-KB-Flaschenhals (→Arbeitsspeicher!) anstandslos laufen (OS/2, Windows 95), erneut aktualisiert von →IBM in Form von PC-DOS 7.0. Bei dem Versender Pearl ist inzwischen die DOS-Rakete PTS-DOS aus Rußland im Vertrieb. Dagegen werden Microsoft und Novell nach bisherigen Ankündigungen ihr aktuelles MS-DOS 6.2 bzw. Novell-DOS 7.0 nach der Einführung von Windows 95 nicht weiterentwickeln. Novell-DOS 7.0 verfügt zudem über ein sogenanntes Netzwerk (→Novell) und hat, auf unseren diversen Rechnern installiert, für optimalen Datenaustausch zwischen uns Autoren und unseren spielfreudigen Kindern gesorgt.

**Drucker**
auch Printer genanntes Ausgabemedium für Texte und Grafiken auf Papier oder Folien. Der Nadeldrucker hat wegen lautstarker Sägegeräusche und mangelhafter Grafikqualität seinen Einsatzschwerpunkt nur noch da, wo Durchschreibesätze, etwa bei Rechnungsstellungen, erforderlich sind. Laserdrucker sind in der Präzision grafischer Darstellungen bisher, abgesehen von professionellen Belichtungsgeräten in der graphischen Industrie, unerreicht. Tintenstrahldrucker entwickelten sich deshalb zur beliebtesten Druckerart, weil sie nahezu geräuschlos, energiesparend und emissionsfrei arbeiten, in der Druckqualität zwar dem Laserausdruck unterlegen, in der Anschaffung aber nur halb so teuer wie dieser sind. Für den Kaufpreis eines Laserdruckers von gut DM 1000 bieten Tintenstrahldrucker zudem schon brillante Vierfarbqualität.

**Durchsatz**
oder Performance oder Verarbeitungsgeschwindigkeit oder Leistungsfähigkeit. Die Leistung eines Rechnersystems oder einzelner Komponenten.

**Editor**
(wörtlich übersetzt: Herausgeber) dient mit spartanischen Mitteln zum Eingeben, Verändern, Speichern und Betrachten von Bild-, Text- oder Datendateien und bietet dazu in der Regel nur die allernotwendigsten Werkzeuge an, ist also leicht bedienbar. Wird →Betriebssystemen als Texteditor beigelegt.

**Edutainment**
Kunstwort aus EDUcation (Bildung) und enterTAINMENT (Unterhaltung) für →Multimedia-Anwendungen zum spielerischen Erlernen z.B. der Rechtschreibung

oder der Grundrechenarten, aber auch von Fremdsprachen und naturkundlicher oder historischer Stoffe.

**EMS**
oder LIM-EMS (Lotus, Intel, Microsoft-Expanded Memory Specification) ist ein von diesen Firmen entwickeltes Verfahren, um Kapazitäten des →Arbeitsspeichers jenseits von 1 →MB für Anwendungen nutzen zu können. Computerspiele, die nicht unter →Windows laufen, verlangen häufig nach einem EMS-Speicher, der ihnen etwa mittels des →Speichermanagers emm386.exe in der Konfigurationsdatei →config.sys bereitgestellt wird.

**Erweiterungskarte**
→Steckkarte

**Escom**
(E)Schmidt COMputer vertreibt über Filialen und Versand pro Jahr rund 200 000 Einheiten von →IBM-kompatiblen PCs inclusive Betriebssystem und diversen Anwendungen. Machte zuletzt durch den Aufkauf der maroden englischen Firma Commodore von sich reden, die im Bürobereich nicht so recht Fuß fassen konnte und jetzt folgerichtig unter neuer Leitung in ihrer alten Domäne, dem Homecomputer, wieder mitmischen will.

**Festplatte**
oder Hard Disk (Drive) oder Platte ist ein →Datenträger, in dessen Gehäuse mehrere Scheiben mit magnetisierbarer Oberfläche mit ca. 4 000 Umdrehungen pro Minute rotieren und denen pro Seite ein Schreib-Lesekopf zugeordnet ist. Festplatten gibt's u. a. für AT→Bus- oder SCSI-Controller ab ca. 500 →MB Speichervolumen. Gleich große Platten sind für den AT-Bus etwa zehn Prozent preiswerter, AT-Bus-Controller kosten sogar etwa achtzig Prozent weniger als die SCSI-Variante.

**formatieren**
von →Disketten oder →Festplatten bedeutet, diese Datenträger für das jeweilige Betriebssystem einzurichten und nutzbar zu machen, indem vom System benötigte Bereiche als Spuren markiert und Fehlerstellen auf der Oberfläche des Datenträgers abgeschottet werden.

**GB**
→Gbyte

**Gbyte**
oder Gigabyte oder GB ist die Maßeinheit für 1 024 →MByte oder 1 073 741 824 →Byte, also mehr als eine Milliarde Zeichen. Ein Gbyte kann etwa den Text von 350 000 Buchseiten speichern.

**Grafik-Karte**
→Video-Karte

**Hardware**
die »harten«, im Gegensatz zur →Software also anfaßbaren Komponenten im Inneren eines Computersystems: →Platinen, →Laufwerke, →Prozessoren, →Steckkarten oder

→Schnittstellen, aber auch das Drumherum wie →Disketten, →Monitore oder →Drucker.

**IBM**
International Business Machines (Internationale Büro-Maschinen), weltweit größter Hersteller von Computersystemen mit Zentrale in USA und deutschem Sitz bei Stuttgart. Schraubte ab 1911 hauptsächlich Rechen-(Tabellier-) und Schreibmaschinen zusammen und stellte 1944 einen mit Relais gesteuerten Computer für ballistische Berechnungen der US-Navy her. Danach ab 1952 diverse Großrechnersysteme, bis 1981 der große Wurf mit dem ersten PC gelang, der den Grundstein für den heute noch gültigen Standard →IBM-kompatibler PC legte. Landete Mitte 1995 nach mehreren wirtschaftlichen Dürrejahren und nur mittelmäßigen →OS/2-Erfolgen einen Coup durch die Übernahme von →Lotus und hofft, damit angemessen in zukunftsträchtigen Geschäften mit verknüpften Computersystemen mitmischen zu können.

**IBM-kompatibler PC**
oder Industriestandard-PC (oder ganz kurz: PC) ist ein Computer, der zum IBM-PC →kompatibel ist, d.h. für den das gleiche →BIOS, die gleichen →Betriebssysteme, die gleichen →Programme und die gleichen →Hardware-Komponenten einsetzbar sind.

**Infotainment**
Kunstwort aus INFOrmation und enterTAINMENT (Unterhaltung) für →Multimedia-Anwendungen zum Erwerb von Informationen aus Lexika oder Enzyklopädien. Um original Musik- oder Filmsequenzen erweiterte Textinformationen sprengen somit die rein bildliche Ergänzung in herkömmlichen Nachschlagewerken.

**Internet**
INTERnational NETwork oder The Net ist das weltweit größte System verbundener Rechner mit ca. 35 Millionen Teilnehmern. Im Gegensatz zu →Online-Diensten gibt es keine zentrale Koordination oder Verwaltung, sondern jedes ans Internet angeschlossene Teilnetz ist, bis auf technische Standards, vollkommen unabhängig. Einstieg am einfachsten über →Datex-J oder →CompuServe, aber auch jede Menge lokaler →Mailboxen. Wir empfehlen vor der Reise im Netz den Erwerb von Kompetenz im Umgang mit dem PC und mindestens einem Text-→Editor sowie Grundkenntnisse in Englisch. Denn außer der Telekom halten der jeweilige Knoten oder Verbindungsdienst (z.B. CompuServe oder Datex-J) und gegebenenfalls auch der Anbieter die Hand auf, und das kann sich sehr schnell zu beachtlichen Summen addieren, die durch gute Bedienungskenntnisse minimiert werden können.

**KB**
→Kbyte

**Kbyte**
Kilobyte oder auch KB oder K steht für 1024 →Byte.

**kompatibel**
sind (oder Kompatibilität haben) Komponenten eines Computersystems, die zueinander passen und zusammenarbeiten können. Kann sich beziehen auf interne Bausteine

oder externe Peripheriegeräte, aber auch auf unterschiedliche Programme oder Programmversionen.

**Laufwerk**
interne (im PC eingebaute) oder externe (über Kabel mit dem Rechner verbundene) →Hardware-Komponente, die in der Lage ist, auswechselbare wie →Diskette oder →CD-ROM aber auch fest installierte Datenträger wie →Festplatte zu lesen oder gegebenenfalls zu beschreiben.

**löschen**
gewollte (gelegentlich auch unbeabsichtigte) Zerstörung von →Dateien, bei der die eigentliche Datei bestehen bleibt, der entsprechende Eintrag im Dateiverzeichnis des →Datenträgers aber verschwindet und deshalb neu überschrieben werden kann (= Logisches Löschen). Bis zur neuen Überschreibung kann die durch den DOS-Befehl <del> oder den Windows-Klick auf <Löschen> ›verschwundene‹ Datei mit den entsprechenden Hilfsprogrammen von DOS oder Windows wieder reaktiviert werden.

**Lotus**
Amerikanische Softwarefirma, mit dem →Spread-Sheet Lotus 1–2–3 groß geworden, setzte mit der →Textverarbeitung AmiPro neue Maßstäbe für das Preis-Leistungs-Verhältnis von Software. Bietet das Programmpaket Smartsuite speziell für den Büroeinsatz an. Dank der zukunftsträchtigen →Datenbank Lotus Notes, die optimal für den Zugriff und Austausch von verknüpften Rechnern eingerichtet ist, konnte sich das kränkelnde Unternehmen Mitte 1995 unter die Fittiche von →IBM flüchten.

**Mailbox**
bedeutet: Briefkasten und ist für Gäste oder Mitglieder ein elektronisches Forum, das ähnlich dem →Online-Dienst für Konferenzen, Abfragen und Angebote, häufig zu thematischen Schwerpunkten, mittels PC erreichbar ist.

**Maus**
englisch: mouse, wird ein Steuergerät für den sogenannten Mauszeiger oder Cursor genannt, das auf grafischen Oberflächen, wie z. B. →Windows oder →OS/2 zum Markieren von Text- oder Grafikflächen, aber auch zum Bedienen von Schaltflächen eingesetzt wird. Hat mit dem niedlichen Grautierchen wegen gedruckter Haltung und schwanzähnlicher Kabelverbindung zum PC eine beschränkte optische, aber eine hundertprozentige namentliche Gleichheit und taucht deshalb bei uns gern beim Teekesselspiel auf.

**MB**
→Mbyte

**Mbyte**
steht für Megabyte oder MB. 1 MB umfaßt exakt 1024 →Kbyte, das sind 1048567 →Byte. Um den geschriebenen Inhalt dieses Buches zu speichern, braucht man nur etwas mehr als ein halbes MB.

**Microsoft**
(oder MS) wird üblicherweise [maikrousoft] ausgesprochen und ist der Software-Riese schlechthin. Mit Bill Gates (dem Reichsten unter den Reichen der Welt mit geschätztem

167

Vermögen von 13 Milliarden Dollar) als Chef an der Seite von →IBM mittels des ersten →Betriebssystems für →IBM-PCs, nämlich MS-DOS, herangewachsen. Entwickelte die grafische Benutzeroberfläche →Windows, die Textverarbeitung Word und Word für Windows, das →Spread-Sheet Excel, einige Programmiersprachen, setzte Standards zur →Maus-Steuerung und bietet neben dem Dauerbrenner Flugsimulator (FluSi) für den Wohnzimmergebrauch sogenanntes Infotainment, also elektronische Nachschlagewerke, an.

**MIDI**
Musical Instrumental Digital Interface (→digitale →Schnittstelle für Musikinstrumente) ist ein Standard der Industrie für Musikinstrumente, der die Übertragung von Tönen in digitalisierter Form und damit für den PC verständlich regelt. MIDI-fähige Geräte können Keybords, Synthesizer oder auch Mischpulte sein. Die Daten werden mittels →Soundkarte und entsprechender →Software, etwa dem in →Windows 3.1 enthaltenen MIDI-Mapper verarbeitet oder gespeichert.

**Modem**
aus MOdulator und DEModulator gebildetes Kunstwort für ein Erweiterungsgerät am Computer, das die →digitalen Daten des PC umwandelt (moduliert) in analoge Daten, die mittels Telefonnetz übertragbar sind, und umgekehrt durch das Telefonnetz eingehende analoge Signale rückumwandelt (demoduliert) in, dem PC willkommene, digitale Daten. Schafft damit die Voraussetzung für →Online-Verbindungen.

**Monitor**
auch Bildschirm, Display oder Screen

**Motherboard**
→Systemplatine

**Multimedia**
meint die Möglichkeit zur Nutzung verschiedener Medien in einem PC, also Text, Grafik, bewegtes Bild und Ton. Die dazu benötigten Hardwarevoraussetzungen wurden 1991 von einigen Firmen in einem Standard für Multimedia-PC formuliert, und zwar unter anderem mit den inzwischen belächelten Größenordnungen von 2 MB RAM für den Arbeitsspeicher und 30 MB Speicherkapazität der Festplatte. Inzwischen gelten zwar neu definierte Größen, die aber schnell wieder von der Entwicklung eingeholt und deshalb nicht erwähnt werden. Faustregel derzeit: Wer Multimedia-Anwendungen, also solche mit Sound und bewegten Bildern (Videos), einsetzen will, sollte sich beim Kauf neuer Hardware an den schnellsten Prozessoren (Pentium), an mindestens 8 MB RAM großem Arbeitsspeicher und an mindestens 500 MB großer Festplatte orientieren. Denn auch die Anwendungen werden weiterentwickelt und somit leistungsfähiger und hungriger nach Rechnerleistung und Speicherkapazität.

**Novell**
Amerikanisches Softwarehaus, das führend in der Herstellung von Betriebssystemen für sogenannte Netzwerke ist. Im Netzwerk miteinander verbundene Computer können alle ihre Hardware, Software und Datenbestände gemeinsam nutzen und austauschen. Novell hat durch Zukauf das →Betriebssystem Novell-DOS, die →Textverarbeitung WordPerfect und das →Spread-Sheet Quattro Pro erworben. Inzwischen auch im Bereich →Edutainment tätig.

**Online-Dienst**
(engl.: »an der Leitung«) kann mittels →Modem, entsprechender →Anwendung und Telefonanschluß aus dem Computer angewählt werden und stellt diverse Dienste zur Verfügung. →Datex-J →CompuServe

**OS/2**
Operating System/2, Betriebssystem für →IBM-kompatible PCs, ursprünglich von →Microsoft und →IBM gemeinsam als Nachfolger für das erste →Betriebssystem →DOS konzipiert, von IBM alleine auf den inzwischen gültigen Stand OS/2 Warp, Version 3 weiterentwickelt. Seit Ende 1994 auf allen Rechnern z. B. von →Vobis anstelle von MS-DOS installiert, und somit auch das Betriebssystem, auf dessen Basis Teile dieses Buches Gestalt annahmen. Hat sich als stabiles Betriebssystem für →Multitasking bewährt, bleibt aber leider wegen seiner Vielfalt den gelegentlichen Nutzern reichlich suspekt, weil schwer überschaubar.

**PS-DOS**
Personal Computer Disk Operating System (Betriebssystem für PCs von Diskette) heißt das aktuelle →DOS von →IBM. derzeit auf dem Stand 7.0 und nach letzten Ankündigungen von →Big Blue noch keinesfalls auf der Abschußliste (im Gegensatz zu →MS- und →Novell-DOS).

**PCI-Bus**
Peripheral Component Interconnect-Bus zur Verbindung der Peripheriekomponenten wie →Graphikkarte, →Soundkarte oder →Plattencontroller. Erzielt seine hohe Geschwindigkeit durch die Ausstattungsmerkmale Busbreite, Taktfrequenz und Bus-Mastering. Letztes ermöglicht unter Umgehung der →CPU das Ansprechen der Komponenten wie →Arbeitsspeicher oder →Steckkarte direkt über den PCI-Bus.

**Pearl**
Versandunternehmen hauptsächlich für Heimanwender, Freizeitanwendungen und dazu nötige Hardwarekomponenten. Hat auch ein DOS-Betriebssystem im Angebot, nämlich das effiziente PTS-DOS aus Rußland, das trotz des DOS-Verdrängers Windows 95 vielleicht beliebter bleibt, als Microsoft befüchtet hat.

**Platine**
oder Board oder Leiterplatte aus nichtleitendem Material, trägt auf der einen Seite (= Bestückungsseite) die Anordnung diverser Schaltelemente wie →Prozessoren, →Chips oder →Steckplätze, die auf der anderen Seite (= Verdrahtungsseite) oder in zusätzlichen Zwischenschichten durch leitendes Material verbunden sind.

**Programm**
Mittels einer Programmiersprache kombinierte Befehlsfolge für den →Arbeitsspeicher des Computers, die zu einem gewünschten Ergebnis führen soll.

**Prozessor**
oder Mikroprozessor oder →CPU ist die zentrale Rechen- und Steuereinheit des Computers in einem →Chip, der auf das →Motherboard aufgesteckt ist. Für PCs setzt →Intel (Sommer 1995) mit dem Pentium-Prozessor den Standard, hat aber den neuen P6-Prozessor bereits in der Hinterhand.

**RAM**
(Random Access Memory) oder →Arbeitsspeicher

**Reset**
→booten des Rechners durch Bedienen der gleichnamigen Taste am Computergehäuse (in der Regel neben dem An-Aus-Schalter), wobei sich die Festplatte zwar weiter dreht, ansonsten aber alle Systemkomponenten wie nach einem Neustart getestet werden.

**Schnittstelle**
oder Interface ist die Verbindungsstelle zwischen zwei Systemen, also PC und Drucker oder PC und Modem zwecks Weitergabe, Austausch oder gemeinsamer Nutzung von Daten.

**SCSI**
Small Computer System Interface (Schnittstelle für kleine Computersysteme – im Gegensatz zu Großrechnern) ist ein →Controller für bis zu 8 Peripherie-Geräte wie →Laufwerke oder →Festplatten. Er verfügt über eine eigene Steuerungseinheit, um die CPU des PCs zu entlasten. Der derzeitige Standard SCSI-2 (Fast-SCSI) verfügt über einen 32-Bit-→Bus und unterscheidet sich also von SCSI-1 (8-Bit-Bus) im Wesentlichen durch erheblich höheren →Durchsatz.

**sichern**
→Datensicherung

**Software**
Begriff für die Gesamtheit der Computer→programme, der, wenn unenglisch und gemäß dem deutschen Wort ›Ware‹ ausgesprochen, Computerexperten schaudern läßt.

**Soundkarte**
ist eine →Steckkarte zur Erzeugung, Wiedergabe und Veränderung (Modulation) von Tönen. Mit →Schnittstellen für Mikrofon, Kopfhörer, Lautsprecher, CD-ROM und →MIDI ausgestattet. Als Standard gilt derzeit die Kompatibilität zu Soundblaster von Creative Labs.

**Speicher**
nach DIN (= Deutsche Industrie Norm) 44.300 die »... Einheit eines Rechensystems, die Daten aufnimmt, aufbewahrt und abgibt.«

**Speichermanager**
wie himem.sys oder emn386.exe unter →DOS stellen →Programmen, die danach verlangen, auch →Arbeitsspeicher jenseits der DOS-kritischen 640-Kbyte-Marke zur Verfügung, sogenannten Expansions- oder erweiterten Speicher.

**Spread-Sheet**
oder Tabellenkalkulation(sprogramm) ist ein in einzelne Zellen unterteiltes Arbeitsblatt, die einzeln angesprochen, definiert und verknüpft zu komplexen Berechnungen, speziell: Kalkulationen, herangezogen werden. Bekannt sind z.B.: 1–2–3 von Lotus, Quattro Pro von Novell, Excel von Microsoft.

**Steckkarte**
oder Adapter oder Erweiterungskarte oder Karte ist eine →Platine, auf der die elektronischen Bauteile für bestimmte Aufgabenstellungen untergebracht sind, z.B. →Video-Karte oder →Sound-Karte oder Platten-→Controller. Die Steckkarte wird in einem Steckplatz der →Systemplatine befestigt und ist über den ›Bus mit ihr verbunden.

**Steckplatz**
oder Slot oder Adaptersockel ist einer der Schlitze auf der →Systemplatine zur Aufnahme einer Steckkarte.

**Systemplatine**
oder Haupt-→platine ist als zentrale Leiterplatte des PCs bestückt mit →Prozessor, →ROM-BIOS, →RAM-Chips, →Steckplätzen und einer Batterie oder einem Akku zur Fortschreibung von Datum und Uhrzeit bei abgeschaltetem Rechner.

**Tabellenkalkulation**
→Spread-Sheet

**Tastatur**
auch Keyboard genannt, ist das zentrale Eingabegerät am Computer, das gar nicht robust genug sein kann, um einerseits den mit Herzblut eingehämmerten Kreativitätsschüben bei der Texterfassung, andererseits aber auch dem beim fesselnden Abenteuerspiel unbedacht gekippten Orangensaftglas standhalten zu können.

**Textverarbeitung**
→Programm zur Erfassung, Gestaltung, Speicherung und Ausgabe von Texten und inzwischen auch graphischen (und akustischen) Bausteinen. Bekannt sind z.B. Word, Word für Windows und Creative Writer von Microsoft, Word Perfect von Novell und AmiPro von Lotus, das zur Erstellung dieses Buches allzeit zuverlässig zur Verfügung stand.

**Verzeichnis**
oder Directory ist eine Zusammenfassung von →Dateien auf einem →Datenträger unter einem gemeinsamen Verzeichnisnamen. Es ist hierarchisch geordnet, so daß in jedem Verzeichnis wiederum Unterverzeichnisse angelegt werden können. Mittels Datei-Manager unter Windows ist die Struktur der Verzeichnisse und zugeordneten Dateien gut gegliedert und übersichtlich auf dem →Monitor darstellbar und zu bearbeiten.

**Videokarte**
oder Graphikkarte oder Bildschirmkarte oder Bildschirmadapter heißt eine →Steckkarte mit der Elektronik zur Aufbereitung der Computerdaten für den →Monitor. Für IBM-kompatible PCs im 1987 formulierten sogenannen VGA-Standard, (Video Graphics Array: Video-Graphikbereich), d.h.: Auf dem Monitor stellt die Videokarte 640 Bildpunkte in horizontaler Ebene und 480 Bildpunkte in vertikaler Ebene mittels 16 verschiedener Farben dar. Für den inzwischen üblichen sogenannten SVGA (S steht für Super) ist kein Standard formuliert. Es gelten daher sehr unterschiedliche Werte, z.B. gleiche Bildpunkte (640 × 480) mit allerdings 256 verschiedenen Farben, oder 800 × 600 oder 1024 × 768 oder 1280 × 1024 Bildpunkte.

**Vobis**
(aus dem Lateinischen: vobis = für Euch) vertreibt jährlich über 300 000 →IBM-kompatible Computer in Deutschland über Versand und Ladenkette und ist damit der Branchengrößte. Diese Geräte unter der Marke Highscreen sind mit Betriebssystem, derzeit →OS/2 oder →Windows 95 sowie diversen →Anwendungen bestückt. Seit Sommer 1995 haben alle Rechner einen Pentium-Prozessor. Ein Highscreen-PC mit Pentium-Prozessor war auch die fixe und zuverlässige materielle Grundlage für die Entstehung der Texte und Bebilderungen dieses Buches.

**Warmstart**
→Booten des Rechners ohne abzuschalten oder Reset durch Bedienen der Tastenkombination <Ctrl>+<Alt>+<Del> ohne Selbsttest der Speicherchips.

**Windows**
(englisch: Fenster) ist eine von →Microsoft seit 1985 vertriebene graphische Benutzeroberfläche zunächst für IBM-kompatible PCs, zuletzt mit dem Stand 3.11, oder Windows für Workgroups, noch auf →DOS angewiesen, ist also eine sogenannte fensterorientierte Betriebssystemerweiterung. Windows bietet vereinfachten Austausch von Daten für alle →Anwendungen unter Windows und stellt diesem auch alle einmal eingerichteten Systemergänzungen wie Drucker oder Soundkarte ohne weiteres Konfigurieren zur Verfügung. Die Windows von Anfang an begleitenden Vorwürfe des übertriebenen Ausstattungsanspruchs, der Trägheit und der Instabilität haben den Erfolg letztlich nicht verhindern können, weil schließlich alle namhaften →Anwendungen in Windowsversionen angeboten wurden. Als Basis für Computerspiele hat sich Windows wegen seines →Speicher-Hungers und seiner Trägheit bisher nicht endgültig durchsetzen können.
Weshalb in diesem Bereich der endgültige Umstieg auf Windows auch erst nach Erfahrungen mit Geschwindigkeit und Laufstabilität von Windows 95 erwartet wird und gemäß den Wünschen von Microsoft das Betriebssystem DOS somit endgültig ausgedient hat.

**XMS**
eXtended Memory Specification, ähnlich →EMS-Speicher.

# Thema: KINDER

**Thema: KINDER**

Carol J. Eagle · Carol Colman
## »Weil ich ein Mädchen bin...«
Stark und selbstbewußt durch die Pubertät

**Patmos**

Dieses Buch sagt Ihnen, wie Sie Ihrer Tochter helfen können, in den kritischen Jahren der Pubertät ihre ganze Persönlichkeit zu entfalten und ihr Selbstvertrauen zu bewahren. Damit sie zu einer freien und selbstbewußten Frau heranwächst, die nicht nur weiß, was sie will, sondern auch erreicht, was sie sich vorgenommen hat.
Best.-Nr. 3-491-50013-3

**Patmos**

# Thema : KINDER

**Thema : KINDER**

Annette Böhm · Ekkehard von Braunmühl

## Gleichberechtigung im Kinderzimmer
Der vergessene Schritt zum Frieden

Patmos

Viel einfacher, angenehmer und vergnüglicher, als sich mit Kindern herumzuärgern, ist es, mit ihnen in Frieden zu leben und sich an ihnen zu freuen. Für diejenigen, die immer noch in einen Machtkampf mit ihren Kindern verstrickt sind, klingt das wie ein Märchen. Und doch ist es ganz einfach. Wie es geht, zeigt dieses Buch.
Best.-Nr. 3-491-50012-5

## Patmos

# Thema : KINDER

### Thema : KINDER

Werner und Xenia Raith

## »Hilfe, meine Tochter liebt einen andern«
Wenn unsere Kinder sich verlieben

Patmos

In humorvoller Weise gehen die Autoren den Gefühlen nach, die uns befallen, wenn sich Tochter oder Sohn zum erstenmal verlieben. Sie hinterfragen gängige Reaktionen und Ratschläge und geben praktikable Anregungen, wie schwierige Situationen produktiv gewendet werden können.
Best.-Nr. 3-491-50016-8

## Patmos